JN247148

自分イノベーション

夏野 剛

Takeshi Natsuno

SOGO HOREI PUBLISHING CO., LTD

はじめに――すでに通り過ぎた転換期

GDP成長率2％の日本と129％のアメリカ

バブル崩壊後から現代まで、日本経済は〝悲劇的状況〟にあります。

〝悲劇〟とは、何もない所から生じるものではありません。何かがあるべき所で、そのあるべきものがないことを、あるいは喪失してしまったことを、人は悲劇と呼びます。近年の日本の経済的状況は、悲劇以外の何物でもないのです。

過去20年間、1996年から2016年までのデータを見てみましょう。日本のGDPは累積でたったの2％しか成長していません。2010年には中国に抜かれ、実に42年ぶりに世界第2位の座を明け渡すことになります。「ジャパン・アズ・ナンバーワン」といわれ、世界に恐れられていた日本の経済は、長きにわたって停滞しているのです。

「日本は成熟国だから経済成長はしない」という声が聞こえてきそうですが、それならば、世界一の経済大国であるアメリカはどうだったのか。日本が低成長を続けている間、同じように苦しんでいたのでしょうか。

ところが、そんなことはありません。アメリカのＧＤＰ成長率は約１２９％。つまりこの20年間でアメリカの経済規模は２・３倍にもなっているのです。

両国を分ける要因の１つが人口の増減です。この20年間、日本では人口がほぼ変わらなかったのに対し、アメリカの人口は増えている。その差がＧＤＰに影響していることも確かです。

ただし、アメリカの人口増加率は20％程度です。それを差し引いても、１００％以上の経済成長が起きている。これは国民１人当たりの生産性が飛躍的に上がっているということです。

急成長の背景には、ＩＴの進化があります。パソコンは１人１台が当然になり、スマートフォンによっていつでも手の平から世界につながることができる時代になりました。同じ時間に１人ひとりができる仕事の量は確実に増えている。

考えてみれば、条件は日本でも同じであるはずです。アメリカで使える技術やサービスは、ほぼすべて、日本でも使うことが可能です。ならば人口が変わらずとも、経済成

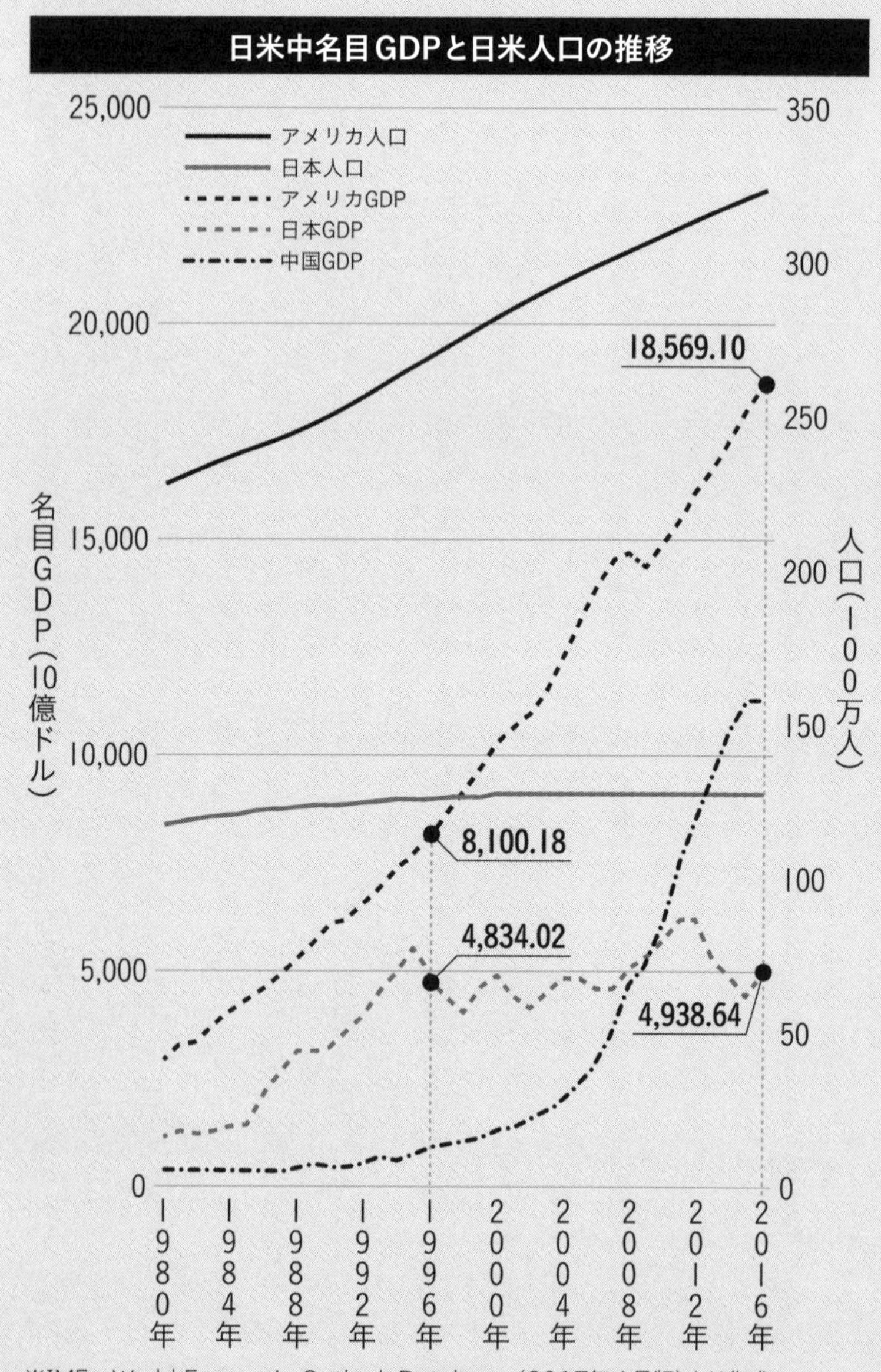

日米中名目GDPと日米人口の推移

※IMF - World Economic Outlook Database（2017年４月版）より作成

長できていなければおかしい。しかし、社会全体として見るとまったく成長していません。

特筆すべきは、両国とも同様にテクノロジーの進化という恩恵を受けているはずなのに、日本人の生産性がまったく向上していないということなのです。

ＩＴ革命を受け入れられない日本

ビジネスの可能性、そして社会のあり方は、「ＩＴ革命」を通して大きく変わりました。それがどれほどの影響をもたらしたのかは本文中に譲りますが、まずは、このことを理解しなければなりません。

経済成長を果たしたアメリカ。停滞を続けている日本。両国の差は、ＩＴによる社会や市場の変化を大胆に取り入れることができたかどうかにあります。詳しくは後ほどお話ししますが、アメリカは新しいものを積極的に受け入れる文化であるのに対し、日本は新しいものが出てくると、まずネガティブに反応します。こうした違いが、大きな経済的差異をもたらしているのです。

そしてこの状況の最大の問題は、ＩＴ革命による変化がＩＴ産業だけに限った話ではないということを、多くの人が認識していないという事実です。アメリカではあらゆる産業にＩＴが入り込んで、そこから数々のイノベーションが起きています。

日本でもＩＴがすべての産業のインフラになっているのに、日本の経営者にはそうした意識がまったくない人が多い。私たちは「ＩＴ革命」という言葉の意味を、まったく理解せずに過ごしてきてしまったのです。

すべては個人の生き方に帰結する

過去を真似していても、また失敗してしまいます。日本という国が、日本の企業が、そして私たち個々人がこれから先の時代を生き抜くためには、今までとはまったく異なったやり方をしなければならない。

本書では、そのための視点の持ち方や思考、働き方、組織のあり方などをお話ししていきます。主にビジネス的なアプローチから論じていきますが、話は社会や教育のあり方にまで広がっていきます。読者のみなさんの中には、「ビジネスと関係ないのでは？」と思う人もいるかもしれません。しかし、ビジネスや経済を支えるのは人間です。その人間を生み出すのは社会モデルであり、教育です。そこまで含めた変革が求められているのです。

そして、各論は個人の生き方に帰結します。これまでと同じ生き方をして失敗しても、誰も責任を取ってはくれません。自分の人生は自分で決めなければならないのです。それは誰もが〝生き方〟を問われているということでもあります。政治家ではなくとも、経営者ではなくとも、誰もが自分の生き方を捉え直さなければならない。自分の生き方そのものに、イノベーションを起こさなければならないのです。

大事なのは、自分を第一に考えることです。それはわがままや自己勝手な姿勢とはまったく異なります。「会社がどうだから」「今までがどうだったから」と考えるのではなく、「自分だったらどうするか」「自分だったらできるのだ」と、あらゆることを自分事として考えるということです。

本書の構成は次の通りです。

第1章「IT革命は何を変えたのか」では、IT革命の本質と、市場および消費需要の変化、それに対応できない日本企業の危機などを見ていきます。第2章「複雑な市場を分析する5つのコンセプト」では、予測や分析が難しい市場を読み解くための概念について解説します。続く第3章「分析力を育てるための思考術」では、世の中の本当の姿を見るための姿勢を、第4章「イノベーションを生み出すためには」では、具体的なビジネスの場で新しい価値を生み出すためのアプローチを提案します。そして第5章「生き方に重なる働き方」では、個人としてのキャリア形成、生き方へと話を展開させていきます。

本書には、私の経験から得た、世の中に必要な新しい価値の種を見付けて育てていく方法、人生の満足度が最大になる生き方のヒントを、余さず詰め込みました。答えのない時代を生き抜くための一助としていただければ幸いです。

目次

第2章 複雑な市場を分析する5つのコンセプト

第3章 分析力を育てるための思考術

第4章 イノベーションを生み出すためには

第5章 生き方に重なる働き方

編集協力／山中勇樹
装丁／加藤賢策（LABORATORIES）
本文デザイン／飯富杏奈（Dogs Inc.）
図表・ＤＴＰ／横内俊彦

第1章

IT革命は何を変えたのか

新しいものを拒絶する日本と受容するアメリカ

ソーシャルアダプテーションの日米差

インターネットが一般に普及し始めたのが1997〜8年頃。[※1] それからおよそ20年、社会は大きく変化しました。

本書の「はじめに」でお話しした通り、この20年間の日本とアメリカの経済成長には大きな差があります。なぜそれほどまでに違うのか。要因はIT革命による技術の進化や市場の変化を、大胆に受け入れることができたかどうかにあります。

新しいテクノロジーなどに社会が適応することを、「ソーシャルアダプ

※1 アメリカでグーグルが登場したのが1998年。日本では1997年に住友銀行のインターネットバンキングや楽天市場が開始され、1998年には松井証券のネットトレードが始まった

テーション」といいます。アメリカではこのソーシャルアダプテーションがスムーズに進んだのですが、日本ではまだまだ遅れています。それを象徴するのが、次のような事例です。

1999年、アメリカで「ナップスター」というサービスが生まれました。これはP2P[※2]のファイル交換サービスで、会員は自分のパソコンのファイルリストをサーバーにアップします。世界中のユーザーはお互いにそのリストを検索し、自由にファイルをダウンロードすることができます。

このサービスが開始されたところ、高校生や大学生を中心に、音楽ファイルの交換が盛んに行われました。これは音楽業界にとって大きな危機です。ネット上でファイルが自由に交換されることで、CDを購入したり、レンタルしたりする人が減ることになってしまいます。

ただ、当時の法律には、こうしたサービスを禁止する規定がありませんでした。後に違法化されることになりますが、ナップスターは多くの会員を集め、大きなサービスに成長していきます。もちろん音楽業界も黙っているはずはありません。レコード会社などからの訴訟が相次ぎ、ナップスター社は

※2
「Peer to Peer」の略。サーバーの中継を必要とせず、送り手と受け手が直接通信することで、情報を受け渡し合う方式

次々と敗訴。2003年に清算型の破産へと追い込まれ、会社はソフトメーカーのロキシオ社に買収されました。

しかし、ナップスター社の創業者の1人であるショーン・パーカー氏は、サービスが劇的な伸びを見せた頃に、株の売却などで多大な資産を得ていました。その後、エンジェル投資家[※3]として出資した先がフェイスブック社です。彼はフェイスブック社の初代CEOでもあります。

ちょうど同じ頃、日本でも似たようなP2Pのソフトが開発されました。東京大学大学院特任助手の金子勇氏が開発した「Winny（ウィニー）」です。開発が始まったのは2002年のことでした。

当時としては先進的な技術を持ったサービスでしたが、匿名でファイルのやりとりができることから、違法なファイル交換が行われるようになり、逮捕者も出るようになりました。

開発者である金子氏はアカデミックなP2Pの研究の一環として開発していただけなのですが、2004年、金子氏自身も逮捕されてしまいます。

もちろん、当時のアメリカと同じように、日本にもこうしたシステムを違

※3
創業間もない企業に対し、資金を供給する個人投資家のこと。ショーン・パーカーは大学生だったマーク・ザッカーバーグ（フェイスブックの共同創業者）に、経営手法を教え込んだといわれている

法とする法律はありませんでした。それにもかかわらず、金子氏には著作権侵害行為幇助の罪状が貼り付けられてしまったのです。ちなみに、その後2011年に無罪が確定していますが、金子氏は2013年に病気で亡くなっています。

同じようにP2Pサービスを提供した2人ですが、パーカー氏は大金持ちになり、金子氏は逮捕。この違いはまさに、新しい変化に対する、アメリカと日本の社会的、文化的な受け止め方の差異を象徴しています。

日本的マインドセットが経済成長を妨げる

日本の長所でもあり短所でもありますが、従来の社会に存在しなかったものが登場すると、まずネガティブに反応します。そして過去のルールに照らし合わせて、どこに該当するかを探して規制しようとします。そもそも、法律や社会制度は、その時点で存在しない要素を想定せずにつくられているものですが、現在の秩序を守るために、半ば強引に該当項目を見付けようとするのです。

これに対して英米法では、新しいものが出てきても、法律で禁止されていなければ問題ないと考えます。ですから、新しい技術やサービスが生まれると、「とりあえずやっちゃえ」と社会に送り出す人が現れる。それが社会に浸透し、どこかで混乱が起きて初めて、法律が制定されたり、社会制度が変更されたりします。

日本とアメリカ、どちらの考え方が良いか悪いかに関しては各議論がありますが、少なくともテクノロジーの進化やその活用という点に関して言えば、英米法的な考え方のほうがはるかにスムーズに進みます。

日本人も、個人としては「便利なものは使っちゃえばいいじゃん」と簡単に受け入れますし、新しいものを使いこなすことも得意です。学校でLINEが禁止されていても、プライベートな世界ではどんどん広がっていくというようなことはよくあるのではないでしょうか。

問題は、新しいものを拒絶する日本的なマインドセットが、国の法律のレベルから行政指導、そして会社の経営、ビジネスのアプローチにまで浸み込んでしまっているということです。このままでは、いつまで経っても、私たちがＩＴ革命の恩恵を受け、再び成長していくことはできない。まずはこの認識からスタートしなければいけません。

第1の革命「効率革命」

ビジネスのフロントラインがネット上に展開

では、私たちが取り入れるべきＩＴ革命の本質とは何なのか。インターネットが普及し始めた１９９０年代後半から現在までの歴史を振り返ると、ＩＴによる３つの革命が起きたことが分かります。これを順に考えていきましょう。

まず１つ目が「効率革命」です。２０００年の新語・流行語大賞に選ばれた「ＩＴ革命」という言葉は、この変化のことを指します。従来現実社会で行われていたことが、ネットを介することによって劇的に効率化されました。

例えば、「アマゾン」を始めとするＥＣサイト[※4]の登場です。これにより、書店での購入が一般的であった書籍は、ネット上で簡単に買うことができるようになりました。食料品、衣料品、家具、電化製品など生活に必要なものがすべて揃い、インターネット環境さえあれば、いつでもどこでも買い物ができる。それまでは遠くに行かなければ買えなかった地域の名産品なども、自宅にいながら買うことができるようになりました。物流システムも整備され、早ければ注文した当日に商品が届きます。

証券業界を見ると、１９９８年に松井証券が日本で最初にインターネットでの取引を始めました。今では個人取引の99％がネット上でトレードされています。わざわざ証券会社の窓口まで出掛けたり、電話をしたりする必要はなくなりました。あるいは航空業界。現在では、国内線の個人予約の75％以上がネット経由です。もちろん決済もネット上です。

効率革命により、さまざまなビジネスのフロントラインが一気にネット上に展開され、消費者にとってはとても便利な世の中になりました。こうした変化は、実感として分かりやすいのではないでしょうか。

※4 「Electronic Commerce Site」の略。インターネット上で商品を販売するウェブサイトを指す

うわべだけを整える日本企業

これほどインターネットが一般的にも浸透し、世の中が効率化されているのに、日本の企業が十分に活用できているとは言い難い(がた)のが実情です。

企業におけるＩＴによる効率化というと、よく「決裁システムを電子決裁に変えた。電子サインをするだけで、わざわざ判子を押さなくてもよくなった」といった話を聞きます。しかし、これは表面上電子化されただけです。その実情に大きな変化はありません。

まず、従来は「チェックした」という証拠を残すために、回覧や押印が必要だったわけですが、ＩＴを使えばファイルを関係者全員が確認したかどうかの管理など簡単にできます。電子サインは必要ありません。共有のサーバーにファイルをアップして、期限までに確認していない人がいれば、その人にアラートが飛ぶようにすればいいわけです。

それに決裁者の数が変わっていない。社長、副社長、専務、常務、取締役、執行役員、部長、担当部長、課長、担当課長、主査がいて、その下に一般役職7階級。そんな20世紀のヒエラルキーがいまだに残っています。

そもそも、企業の組織構造はもっとフラット化されてしかるべきです。仮に1万人の社員がいたとしても、社長の意志はメールやビデオストリーミング[※5]で、直接かつ一瞬にして全員に伝えられます。ところが、そんなことをやっている経営者は、現在のところほとんどいません。

このような例は枚挙に暇（いとま）がありません。社内システムを電子化したとなると、「セキュリティのためにそれぞれのパソコンごとに、英数字の大文字小文字組み合わせで16桁のパスワードを決めて、3カ月ごとに変更しなさい」などと言われたりします。そんなもの誰も覚えていられないから、結局パスワードを付箋（ふせん）に書いてパソコンの端に貼ってあったりする。むしろセキュリティは落ちているわけです。まさに本末転倒です。

電子化は業務効率化のための手段であるはずなのに、手段が目的になってしまっています。その上うわべだけのセキュリティなどを必要以上に気にすることで、弊害が生じていたりする。こうしたことが、日本中の企業で起き

※5 動画ファイルを転送・再生するダウンロード方式の一種。ファイルをダウンロードしながら、同時に再生をすることにより、ユーザーの待ち時間が大幅に短縮される

ています。

テクノロジーの進化を食い潰す社会制度

効率革命を生かせないのは国も同じです。

2008年、黒人として初めて、バラク・オバマ氏がアメリカ大統領に選ばれました。この選挙は「ソーシャル選挙」とも呼ばれ、黎明期だったSNSを駆使したオバマ氏の選挙戦略が大きな注目を浴びました。フェイスブックを活用した支持者同士のネットワークづくりや、ウェブサイトから簡単に小口献金を行えるシステムの立ち上げなど、画期的な戦略で勝利を収めたのです。

一方の日本。2013年に、私は参考人として衆議院の委員会[※6]に呼ばれました。公職選挙法について審議されており、議論の内容は「選挙期間中に候補者のウェブページ更新を許可してもいいのか」ということでした。

現在では解禁されていますが、当時は候補者が選挙期間中に自らのウェブ

※6 政治倫理の確立及び公職選挙法改正に関する特別委員会

ページを更新することは禁止されていたのです。公職選挙法により、葉書やビラなどの決められたもの以外の文書図面の配布は禁じられています。ウェブページをプリントアウトすることによって、その文書図画に該当するからということです。

また、従来電話による選挙活動は認められていましたが、電子メールによる選挙運動は禁止されていました。2013年の公職選挙法改正によって、政党や候補者がメールを用いて選挙運動を行うことは認められるようになりましたが、現在においても一般有権者には禁止されています。メールを使って特定の候補を支持するような選挙運動を行うことはできません。

ただし、LINEやフェイスブックを使うのはOK。SNSはメールではなく、ウェブサイトだからだそうです。この制度を決めた人は、フェイスブックでメッセージを送ると、同時にメールも送られることを知らないのでしょうか。

もう1つ、例として薬の販売です。最高裁で争われ、改正薬事法が制定されたのは2014年。やっと一般大衆薬のネット販売が許されるようになりました。しかしながら、10兆円といわれる医療用医薬品市場の約7割を占める処方薬のネット販売は、事実上禁止されました。処方薬こそネット販売に即したものです。PDFで処方箋をもらって、それをネット上の店舗に送ってデリバリーしてもらえばいい。それなのに、患者は体調の悪い中病院に行って、長い間待たされ、さらに病院の前にずらずらと並ぶ薬局に寄って、そこでもまた待たされるわけです。結果、日本にはコンビニの数に匹敵する5万7743店舗[※7]もの薬局がいまだに存在し、薬の販売の効率化はまったく進んでいません。

このように、テクノロジーが進化していても、その進化を食い潰すほどの不効率な制度が存在している。これが日本社会といえるのです。

※7 2017年8月1日現在。厚生労働省発表

第2の革命「検索革命」

≫誰もが〝専門家〟になれる

2つ目の革命は「検索革命」です。

私たちは、何か知りたいことがあれば、パソコンやスマートフォンで世界中の情報を簡単に検索できます。あらゆる情報が瞬時に、しかもその多くは無料で入手できます。現在では常識ですが、20世紀までは考えられないことでした。

かつて論文を書こうとすれば、図書館に行き、目当ての情報が載っている書物を見付けるだけでもひと苦労でした。そうして何カ月もかけて調べていた情報が、現在では自宅で一晩検索するだけで集まってしまいます。インターネット検索がない時代の論文とは、まったくレベルの違う論文を書くことができるのです。それほどまでに、私たちの情報収集力は高くなっています。

この検索革命は、〝専門家〟の定義を変えました。

20世紀まで、専門家とは、どの組織に属し、どのような業務に従事しているかによって決まっていました。組織の中でなければ、その分野の情報を得ることはできなかったからです。自動車の専門家は、自動車産業の開発ラインにいる人、電車の専門家は、鉄道会社で働く整備員だったわけです。

しかし現代では、自宅で検索するだけで、どの分野の専門家にもなれるようになりました。自動車産業で働く人より車に詳しいアマチュアや、JR職員より電車に詳しい鉄道オタクはたくさんいます。彼らがそこから新たなビジネスを起こし、本当のプロとして活躍[※8]することも珍しくない世の中になりました。

人は自分が気になることであれば、一生懸命に情報を集めます。2011

※8 鉄道オタクとして有名な音楽アーティストの向谷実氏は、鉄道マニアが高じて自身が経営する「音楽館」という会社で、鉄道会社向けのトレインシミュレータを開発している。ほかにも近年では軽量バー式ホームドアを考案し、JR九州への試験採用が決まった

年に発生した東日本大震災では、津波の被害もさることながら、原発の事故が全国の人々を不安にさせました。かくして、原子炉の構造がどのようなものか、過去にどんな原発事故が起きたかということにとても詳しい人が、日本全国に現れました。

本来なら東京電力の技術者や原子力発電の研究者でなければ知らないような情報を、一般市民もよく理解しているといった状況になる。そうすると、お茶を濁すような言い方で原発事故の原因や対応を説明しても、誰も納得しなくなります。いまや原発の是非に関しては、多くの国民が一家言(いっかげん)持つようになっているのではないでしょうか。

検索革命は、社会にこれだけのインパクトを与えているのです。

>>> スマホの充電はOKでもUSBはNG

ビジネスの場であっても、個人としてのビジネスパーソンは、検索革命の恩恵を受けています。20年前の社員と現在の社員の情報収集力は比べ物になりません。レポート一枚書くのにも、すべての情報をネット上で集めることは珍しいことではないでしょう。

しかし、この検索革命の重大さを、多くの経営者が認識していません。何か購入するものがあれば、わざわざ業者を集めて相見積もりを取るよりも、「楽天市場」で価格を調べたほうがよほど効率的です。ところが「勤務中にショッピングサイトを開いてはいけない」などと言われてしまう。

挙句(あげく)の果てに、アクセス制限のフィルタリングや、USBの持ち込み禁止など、無意味な社内ルールを設けている企業が少なくありません。USBを使えば、会社で集めたデータを元に外で仕事をしたり、顧客との商談材料として示したり、より効率よく情報を活用できるはずです。スマートフォンをパソコンにつないでUSB充電しているのに、USBで情報を持ち出すのはNG。そんなルールに意味があるのでしょうか。そもそもスマートフォンはメモリーの塊です。

確かに、コンプライアンス[※9]やシステム監視などの点で配慮は必要です。しかし経営者の本来の仕事は、いかにすれば社員の仕事の効率を最大化できる

※9 日本語で「法令遵守」を指すが、広義で社会倫理やセキュリティなどに十分に配慮する経営を意味する

かを考えることではないでしょうか。

>>> 社内外のリソースを組み合わせる

検索革命を受け入れられないということは、社外にある有益な情報や技術を無視していることになります。

企業に必要な技術や知識は、わざわざ自分たちで準備しなくても、社外から集めることが可能です。もはや、企業が専門家を育てて研究する必要はなくなりました。自分たちが求めている技術を持った会社がどこにあるか、あるいは必要な知識を持った人材がどこにいるかといったことは、インターネットでいくらでも調べることができます。そうして提携するなり、引き入れるなりしたほうが能力値は高くなるはずですし、目的達成も早くなります。

ところが日本の製造業の場合、多くの大企業では、優秀な社員を辺鄙(へんぴ)な場所にある研究所に閉じ込め、人材を育ててから技術開発するといった、10年単位のR&D[※10]がいまだに行われています。こうしたシステムは、20世紀の遺

※10 「Research and Development」の略。企業や研究機関などにおける研究開発のことを指す

物にしか過ぎないと言わざるを得ません。

グーグルやアマゾン、アップルといった、21世紀に大きく成長している会社では、M&A[※11]も、中途採用も、人材の引き抜きも常識です。自分たちが到達したいゴールに向かうために、何が必要なのかということが分かっている。人間のリソースとテクノロジーのリソースを組み合わせた、より早く成果を出すためのR&Dです。

検索革命以降の社会において、アウトサイドの意見は聞き入れないというマインドはマイナスの効果しか生み出しません。周囲は互いに協力し、加速度的に成長していく中で、自分だけは1人で頑張ろうとする姿勢は美学でも何でもない。私たちは、そのことに早く気付かなければならないのです。

※11
「Merger and Acquisition」の略。企業の合併・買収のことを指す

第3の革命「ソーシャル革命」

個人の発信が社会を変える

3つ目の革命は「ソーシャル革命」です。

SNSの浸透などにより、個人の情報発信力は飛躍的に向上しました。誰もが自分の考えや発見を世界中に発信できるようになった。検索革命によって情報収集能力が高まった個人が、さらに情報をシェアするためのツールとしてSNSを使うことで、相乗的に触れられる情報の量が増え、お互いに意見交換や議論ができるようになったわけです。そうして、いわゆる「アルファブロガー」[※12]に代表されるように、一般の人の中にも大きな発言力を持つ

※12 インターネットにおけるブロガーのうち、そのブログが大きな影響力や、多くの読者を持つ者などを指す

存在が現れるようになりました。

私のツイッターのアカウントには、約46万4000人[※13]のフォロワーがいます。『週刊新潮』の発行部数が約44万8000部[※14]なので、数字上は、同程度の発信力があるといえるのかもしれません。

以前、あるJRの駅のミルクスタンドで「Suica」が使えないことを非難したツイートをしたことがあります。「JRの構内であれば、どこでもSuicaが使えるのが当然ではないか、これはおかしい」と発信したのです。

「偉そうに騒ぐな!」と大きく炎上してしまったのですが、その分リツイートなどで大きく拡散されました。JRの職員の方の目にも留まったことで、今では一部のミルクスタンドでSuicaが使えるようになりました。

私がどうこうと言いたいわけではありませんが、個人が社会に対して情報を発信できるようになったということは、とても大きな変化です。1つひとつは小さな声でも、気付いたことを「おかしい」と発信するだけで、社会に影響を与えることができるようになったのです。

※13 2017年8月末時点

※14 一般社団法人日本雑誌協会発表、2017年1月〜3月算定

２０１０年から２０１１年にかけて起きた「ジャスミン革命」[※15]は、政府に不満を持つ個々人の声がソーシャルを駆け巡り、蓄積され、結果的に政府を倒すまでのパワーとなりました。長期政権を誇っていたベンアリ大統領を国外にまで追いやったのは、ＳＮＳによる爆発的な広がりによって情報や共感が伝播したことが大きな要因です。反政府勢力がいないまま、民の声によって革命が起きたのは人類史上初めてのことです。個人の力は、それほどまでに大きくなっているのです。

企業の競争力は個人がもたらす

こうした話を、実際のビジネスには関係ないと考える人もいるかもしれません。しかし、それは大きな間違いです。

企業の競争力は、何によってもたらされるか。仕事をしていると、「ここはこういう風に直したほうがいいな」といった発見や、小さなアイデアといった、個々の社員の〝気付き〟がたくさん生まれます。それを共有して横

※15
チュニジアで発生した大規模な反政府デモなどの結果、当時のベンアリ大統領がサウジアラビアに亡命するまでに至った革命。この運動はチュニジア国内にとどまらず、ほかのアラブ諸国でも数々の政変や政治改革を引き起こした。この一連の動きは「アラブの春」と呼ばれる

軸に展開していくことが、その企業の競争力です。1万人の社員がいれば、1万人分のアウトプットによって、競争力が高まるわけです。

トヨタに代表される〝カイゼン活動〟[※16]はまさにそうです。作業効率の向上や安全性の確保などに関して、経営陣から指示されるのではなく、現場の作業者が中心となって知恵を出し合い、ボトムアップで問題解決を図っていく。これを全社的に共有し、品質向上や効率化を進めていくスピードによって、日本の製造業は一気に競争力を得たわけです。

ここで重要なのは、そうしたカイゼンの仕組みを持っていることが企業としての競争力につながるということではなく、その気付きが個人によってもたらされたということです。100人のエリートサラリーマンがいても、言われた通り、黙々と仕事をしているだけでは気付きは生まれないし、イノベーションも生まれない。個人の気付きが共有され、蓄積されることで企業の競争力は高まっていきます。個人と組織の関係性が、常に競争力の源なのです。

※16
トヨタを始めとする日本の製造業における、生産効率の高さの原動力となる概念。現場の作業者がボトムアップで知恵を出し合って問題解決を図り、作業効率を上げていくこと

≫ 人類の進化が加速した20年間

人間の文明や文化は、１人ひとりの発見や気付きを共有し、伝えていくことによって育まれてきました。「このキノコを食べたら死んでしまう」ということは、その毒キノコを食べて何人もの人が死に、たまたまその様子を横で見ていた人がいて初めて共有されるわけです。そして「このキノコを食べてはいけない」という情報がその地域に伝わる。そこから隣町に伝わるまでに数カ月、日本全国に伝わるには何十年、世界中に知られるまでは百年単位の時間が必要だったでしょう。

しかし現代であれば、そうした情報は瞬時にインターネットを駆け巡ります。以前とは比べ物にならないようなスピードで情報が共有されるようになったことで、多様な意見が行き交い、相互に刺激し合うネットワークが構築され、創造的なアイデアが生まれるようになりました。

１００年後の教科書を想像してみてください。21世紀初頭の20年間は、間違いなく「人類の進化のスピードが加速した20年間」と解説されるはずです。その真っただ中に私たちは生きている。これはものすごくワクワクすることではないでしょうか。

世界中の研究者や開発者がインターネットでつながり、技術進化は相乗的に加速しています。世の中全体がすさまじい速さで進化しているのだから、それを利用しないともったいない。「自分だけで」「会社の中だけで」などと言っているのはもったいない。やり方を根本から変えないと自分だけが取り残される。そんな大きな変化がすでに訪れているのです。

3つのIT革命

第１の革命「効率革命」

- 現実社会での行動がネット上で劇的に効率化
- ビジネスのフロントラインがネット上に展開
- 企業制度や社会システムの効率化

第２の革命「検索革命」

- 個人の情報収集力の飛躍的拡大
- 誰もが“専門家”になれるように
- 社内外のリソースを組み合わせた研究開発

第３の革命「ソーシャル革命」

- 個人の情報発信力の飛躍的拡大
- SNSなどによる情報や共感の伝播
- 個人の力が社会に影響を与えるように

ＩＴ革命による消費需要の変化

≫あらゆるものがコネクティブにつながる

ＩＴ革命により、「モノづくり」はそのかたちを大きく変えました。あらゆるものがインターネットにつながるようになり、「モノ」そのものが、単体では評価されなくなったのです。

例えば、インターネットを介して天気予報のデータを受信し、晴れの日はブルーに、雨が降っているとグレーに染まるグラスを作ることができます。天気を反映するという付加価値によって、グラスの機能が〝飲み物を入れる容器〟以上に変質するわけです。

すでに日本は成熟社会となりました。ただグラスとしての機能しか持たないものを作っていても、競争に勝つのは難しい。これからは、あらゆるものがコネクティブにつながることを前提に、モノづくりを考えなければなりません。独立したモノではなく、ネットによってつながることで、どのような付加価値を提供できるのか。これまでに無い機能を付加することによって、どんなイノベーションが生まれるのか。そうした発想がまず必要です。

もちろん、従来の日本のモノづくりからも、高い価値が生み出されます。切子(きりこ)グラスのように、色合いや手触り、輪郭(りんかく)など、細部にこだわった商品はとても美しいものです。しかし、そうしたモノづくりを志向し過ぎたために、「優れたグラスを作るためには5年間の修業が必要だ」というような仕組みをつくってしまった。

企業の縦割りシステムも同様で、生産ライン上で同じ部品だけを作り続けます。長年1つの技術を磨き続けていることで生み出せる価値もあるのですが、そうした人に、新しい変化を取り入れ、従来の技術と組み合わせてイノベーションを起こすということはとても難しいのです。

モノづくりは仕組みづくりへ

これからのモノづくりの変化をひと言で表現するならば、「モノづくりは仕組みづくりへとシフトする」です。

日本を代表する産業である自動車産業。これからは、単なる移動のための乗り物としてのクルマでは、価値とはなりません。クルマにネットがつながれば、メールやネット検索、スケジュール管理ができます。ＡＩが進化して自動運転が実装されれば、移動時間は仕事の時間になります。移動中は運転するしかなかった過去とは大きな違いです。

テスラ社[※17]のクルマに乗ってみてびっくりしました。常時ネットに接続されており、手元の大きなタッチスクリーンで、エアコン、インターネットラジオ、ハンズフリー電話、カーナビ、カレンダーなどの機能を指先ひとつで操作できます。カーナビはグーグルマップと連動していて、リアルタイムに世界中の渋滞情報がチェックできる。個人の運転スタイルが分析され、ハンド

※17 シリコンバレーを拠点に、バッテリー式電気自動車と関連商品を開発・製造・販売している自動車会社。世界でも数少ない電気自動車専業メーカーとして知られ、日本には6つの直営店がある(２０１７年8月末現在)

ルやシートの調整も自動でコントロールされます。

それらを統合するソフトウェアは、自動でアップデートされます。例えば自動駐車機能が追加されるなど、どんどん便利になっていく。しかも、年間数万円という通信料はテスラ社が負担します。メーカー側からすると、インターネットにつながっていることで、走行距離や不具合の状況、急ブレーキの回数といったデータが把握できるというメリットがあります。そのデータを元に、さらに新たな機能やサービスを付加していく。ユーザーから見れば、使えば使うほど手放せなくなっていくでしょう。

テスラ社は、ただのクルマを売っているわけではなく、クルマに乗るということ自体がサービスになっている。ネットから切り離してしまっては、価値がなくなってしまいます。

このように、IT革命がもたらした変化は、モノづくりそのもののあり方を変えています。今までのように、〝Fun To Drive〟[※18]とだけ訴えていては、いずれ競争に勝てなくなります。

モノづくりを強みとする企業が、その強みに固執してしまったがために衰

※18
〝走る楽しみ〟。日本の自動車産業従事者の多くは、電気自動車と比較した場合のガソリン車の優位性を説く際に、よくこの言葉を使う

退していく。モノの価値そのものが変わっていることに気付かずに、あるいは認めずにいれば、それは避けられないことなのです。

開発ストーリーの共有が感動を生む

今までのモノ消費とは、「こういう商品があってほしいな」という需要を満たすものでした。しかし現代では、生活に必要なモノはすべて揃っています。

IT革命以降の商品の価値とは、「足りないものを満たすためのもの」ではなく、その商品を使うことで、「新しい喜びや感動を得られるもの」に移っています。今まで消費者にとっての選択基準は商品の品質や価格といった要素でしたが、いかにほかの商品にない楽しさや喜びをもたらしてくれるものか、ということに変わっているのです。

そうした変化は、すでに日本国内でも多く見られるようになっています。例えば、商品の開発ストーリーの共有です。メーカーや商品のホームページを見ると、開発者がなぜその商品を作ろうと考えたか、どんな思いを込めたものなのか、開発するまでにどのような苦労があったか、といったストーリーが紹介されているものが多いのが分かります。

ユーザーはそのストーリーに共感して商品を購入します。これを作った人は大きな情熱を持って、たくさんの苦労を乗り越えながら開発した。だからこんなに素晴らしい商品が生まれている。ほかの商品とはまったく違うものなのだ。そんな思い入れがユーザー自身にできるから、使っていること自体が感動につながります。これも仕組みづくりの1つです。

しかし、従来の商品の多くは、誰が開発したのかが分からないようになっています。便利な調理器具のアイデアを誰が思い付いたのか、世界に向けて売り出す自動車を誰が設計したのか、製品の奥に、開発に携わった人の顔が見えてきません。特定の人がヒーローになってしまうのはよくないという日本的な考え方からか、「みんなで頑張って作り上げた商品です」ということになっている。

これからは、誰がどんな思いで、どんな苦労をして生み出しのかが分からない商品は、「こだわりがない」と見られるように変わっていくのです。

第4の革命「ビッグデータ革命」

これから先、3つの革命に続く、第4の革命が起きます。いわゆる、「ビッグデータ革命」、つまりはAIやIoT[※19]による革命です。このことにより、新たな価値の可能性は、さらに広がっていきます。

まずはAIです。近年、その機能の発達により、「AIは人間を超えるのか」といったことが盛んに議論されていますが、例えば画像認識能力においては、2015年の段階ですでにAIが人間の能力を超えています。ほかにも多分野でAIの開発は進んでおり、囲碁や将棋、チェスなどでトッププロが次々に負かされていく事実は、大きなインパクトと共に伝えられています。今後、そうした進化はますます加速していくでしょう。

今まで人間がコンピュータプログラミングをどのように活用していたかということを簡単に言えば、人間が100人で役割分担していたこと、あるい

※19 「Internet of Things」の略。さまざまな「モノ」がインターネットを通じてクラウドやサーバーに接続され、情報交換することにより相互に制御する仕組み。モノに取り付けられたセンサーが人手を介さずにデータを入力し、インターネット経由で利用される

は100時間掛けて行っていたことを、代わりにコンピューターに処理させるということです。人間の代替として、より効率的にやってもらう。つまり、人間が結果を想定できることを、コンピューターに処理させていたのです。

それに対し、AIは「機械学習」[※20]といわれるように、自己学習していきます。人間が明示的にプログラムしなくても、コンピューターが自律的にデータから洞察を導き出せる。どういうことかと言えば、プログラミングをした本人でさえも、AIがどのような結論を導き出すのかを把握することはできないのです。これからは、人間が想定しなかったアウトプットがAIによりもたらされるということが起きてきます。

次にIoTです。例えば、従来の天気予報のシステムでは、500メートル間隔で雨量などの情報がリアルタイムに上がってきます。そうすると、ある地域で気温が下がると、こちらではその何時間後に気温が下がるだろう、というような相関性を導き出すことができます。ここまでは、人間が経験的に想定できることです。

それが今後、IoTによって、さまざまなものにセンサーを付けてデータ

※20
AI分野における研究課題の一つ。さまざまな手段を用いてデータから反復的に「学習」することで、人間が自然に行っている学習と同様、コンピューターが自律的に洞察を導き出せるようになる

を集めることができるようになります。従来より密度の高いセンサー網が日本全国、全世界に広げられたとき、人間の脳で処理できる量をはるかに超えたデータが同時に上がってきます。そうなると、それぞれの相関性など、想定することはできなくなります。

さらにそこにＡＩが組み合わさることで、今まで人間が考えてもいなかった発見が生まれる可能性があるわけです。人間が解明できない物理法則や自然現象でも、とりあえずＡＩに分析してもらえば、新しい発見ができるようになるかもしれません。

この第４の革命は、今までの３つの革命をプッシュアップしていき、異なる次元の結果をもたらします。そうしたことが世界中で起きるようになったとき、現在すでに存在しているテクノロジーすら使いこなすことができなければ、どうしたって太刀打ちできません。

今まではコンピューターで武装したライバル会社と勝負しても、人手と時間を掛ければ何とかなっていたかもしれない。しかしこれからは、そうしたやり方では絶対に勝てる可能性はありません。「新しい技術はちょっと様子を見てから」などとは、すでに言っていられないのです。

日本の均質的組織の危険

組織以上の力を持つ個人の存在

3つの革命によって、個人としての情報収集力、発信力は飛躍的に高まりました。それによって個人と組織のパワーバランスは根本的に変わっています。個人がエンパワー[※21]されたことで、100人のエリートサラリーマンよりも、1人の〝オタク〟の能力が勝る時代になりました。

オタクとは、他人からしてみたらばかばかしいとも思えるようなことであっても、莫大な労力と時間と情熱を掛けることができる存在です。当然、その分野の高い競争力が身に付いていく。これを言い換えれば〝天才専門

※21 社会や組織を構成する1人ひとりが、発展や改革に必要な力を付けること

家〟のことです。

100人のエリートサラリーマンが給料のために仕方なく仕事をする間、オタクは、ワーク・ライフ・バランス[※22]など無視して行動し続けます。前述した通り、人は自分が気になること、好きなことに対しては一生懸命情報を集めます。1人のオタクには、何万人分もの情報収集力があるのです。さらに世界中のオタク同士がインターネットを通じてつながることで、より知識が増えていく。そこから数多くのイノベーションが生まれています。

しかし、日本の企業は突出した力を持つ個人を、押さえ付けてしまう傾向があります。その原因の根本は、ひとえに、終身雇用、年功序列、新卒一括採用のシステムです。20世紀に作り上げられた制度が、同じ時期に大学に通い、同じ会社で過ごし、同じ経験をして、同じ人同士で付き合う均質的な組織をつくってしまう。こうした環境ではオタクは育ちません。

組織力の定義は完全に変化しています。平均値的に高い能力を持った集団より、いろいろなオタクをたくさん抱えている組織のほうが、強い組織力を持つようになったのです。

※22 「働き方改革」の象徴的な概念。仕事とプライベートのバランスをうまく取り、より充実した人生を送ろうという考え方

生物学的に考えてみても、この変化は当然のことです。均一の経験をして、同じ餌を食べてきたモルモットたちは、必然的に同じ食物による食中毒で全滅する確率が高くなります。一方で、亜種がたくさんいる種族は生き残る可能性が高い。

これからの企業には、オタクを育てる環境が不可欠です。均質的な集団では、競争に勝ち残ることはできません。いろいろな才能を持っている人、そのときに必要な技術を持っている人を集めなければならない。個人力を最大化する組織が、今必要なのです。

均質的組織から生まれる無難なリーダー

均質的な組織からは、排他的なリーダーしか生まれません。そうしてより均質性が増していくという負の連鎖が生まれます。

もし、社員の投票で社長が選ばれるとしたら、それぞれの社員はどのような基準で考えるでしょうか。ある候補は「会社の成長のために、外から優秀な人材をどんどん招いて、会社を10倍の規模にします！」と宣言しました。一方で別の候補は、「外から人材なんて絶対に入れません。今いる大切な社員の能力を生かし、売り上げを10％伸ばします！」と主張しています。人は誰でも自分の保身が最優先事項です。現在いる社員による多数決が行われれば、どちらの候補が選ばれるのかは明らかです。

こうして選ばれたリーダーは、無難な判断しかできません。将来性よりも現在の秩序を守るようになってしまう。社会が変わっていることを認識していても、目先の論理として会社の保身を優先してしまう。なぜなら、それが社員の総意であり、そちらを優先しなければ自分自身の保身も危うくなるからです。結果的に、環境の変化に追い付けなくなってしまう。これが今の日本企業で起きていることです。

今いる社員が大事だから、自分たちは安全でいたいから、という考え方は、身内の理屈にしか過ぎません。外側から求められるものと自分たちの判断に大きくズレが生じてしまっていることに気付かない。気付いていても変わろうとしない。日本の大手企業で相次ぐ不祥事も、原因の根はそこにあるのかもしれません。経営者が外国人に代わった途端に業績が回復したりするのも皮肉なものですが、リーダーが変わらなければ、いつまで経っても成長することはできないのです。

すべてはリーダーシップが決める

もちろん、すべての日本企業が変化に対応できていないわけではありません。優秀なリーダーによって大きく成長している企業もあります。

伊藤忠商事は、熾烈な労働環境にありながら、トップ主導で「残業禁止」を宣言しました。その実現のために、社長である岡藤正広氏[※23]は会議の効率化から始めました。日本企業の役員には、会議の場において、イントロだけ説明して「あとは部下が……」という人が多い。岡藤氏は、「事前説明は受けない」と宣言しつつ、会議で発言しない役員を切ってしまいました。「自分の部署のことを自分で説明できない役員などいらない」と。

企業には、意味のない無駄がたくさんあります。それらをすべて排除すれ

※23 伊藤忠商事11代目社長。2010年に、海外勤務歴なし、傍流の繊維業畑出身という異例づくめで社長に就任した

ば、総労働時間は減り、結果的に残業する人も少なくなるはずです。どうしても忙しい場合には、早朝に仕事をすればいいのだと、伊藤忠商事は朝型シフトに切り替えました。そうした働き方改革を断行したこともあって業績が向上し、日本の商社首位を達成することができたのです。

あるいはソフトバンクです。会長（兼社長）の孫正義氏は、早い段階で「これから日本の市場は小さくなる」と判断し、さまざまな分野へと参入しました。20年前のソフトバンクと現在のソフトバンクを比較すれば、業態がまったく異なっているのが分かると思います。ネット企業から通信キャリア、出版、球団運営、そしてM&Aを含めた海外企業への出資など、次々に新しいことへと挑戦しています。１９９４年の上場期には約２６９０億円だった時価総額は、現在[※24]約９兆６６５０億円。20年あまりで、実に36倍にも成長しています。

両社とも、リーダーが信念を持って、変化を受け入れたからこそ成長しています。すべてはリーダーシップから始まっているのです。

※24　２０１７年８月末現在

日本にはすべての条件が揃っている

ただ、ワールドワイドな視点で考えてみると、ソフトバンクも決して特別な企業ではありません。20年前は経営不振に陥っていたアップルの時価総額は、現在世界1位の約85兆円[※25]。実に日本トップのトヨタ4つ分以上に相当します。グーグルの親会社であるアルファベットの時価総額は世界2位の70兆円超[※18]。この会社は20年前には存在すらしていませんでした。

世界はそれだけのスピードで成長しているのです。環境から考えれば、日本の中にも同じようなスピードで成長している企業があってもおかしくないのですが、現状では、そのような企業はほとんどありません。

もし、日本の経営者に社会の変化に対応するだけの勇気があったら、アメリカの企業のように成長することもできたはずです。なぜなら、必要な道具はすべてそろっているのですから。

まずは技術力。「iPhone」の主要部品は、すべて日本国内のもので

※25 共に2017年7月末現在

した。テスラのCEOであるイーロン・マスク氏も「テスラが作るクルマの部品の80％は日本製だ」と言っています。

次に資金。日本の金融資産は個人だけで約1800兆円[※26]。上場企業の内部留保は400兆円以上[※27]もあるので、トータルで約2200兆円あることになります。使えるお金はあるわけです。

さらに優秀な顧客。コンシューマーとしての日本人はとても優秀です。新しいテクノロジーが出てきても、コンシューマーとしてはすぐに使いこなしていきます。知識もあるし、評価水準も高い。

そうした人が働くわけですから、働き手としても極めてレベルが高い。その上勤勉で真面目です。〝ブラック企業〟などという言葉があること自体、すごい国です。毎日5時間のオーバー労働をするなんて、海外では考えられません。

日本に足りなかったのは発想と勇気だけです。慶應義塾大学の清水浩教授が率いた開発チームが、電気自動車の草分け的存在として、2004年に「Eliica[※28]」という電気自動車を発表しています。しかし、開発のため

※26　2016年末時点。日本銀行発表

※27　2016年度。財務省発表

※28　エリーカ。8輪駆動の電気自動車。テストコースで時速370kmを記録したことや、小泉首相（当時）が絶賛したことで、大きな話題となった

の資金が集まりませんでした。オール電機の自動車を作ろうという発想が日本の自動車メーカーになかったためです。

一方のテスラは、「モデルS」という商用カーを発表する前に、1500億円もの資金をベンチャー・キャピタルから調達しています。2010年にはNASDAQに上場し、2017年4月の段階で時価総額約5兆7000億円となっています。一時的にではあっても、アメリカ最大の自動車メーカーであるゼネラルモーターズの時価総額を超えました。

両者の違いは、企業として、国として、「やるかどうか」だけであることを象徴しています。技術力、お金、優秀な顧客と労働力。日本にはすべてあります。あとはやる気にさえなれば何でもできるのです。

日本が今までアメリカに大きく水をあけられてきたということの裏を返せば、これからアメリカのようにやっていくことができれば、確実に成長できるということです。だからこそ、今からでも意識改革をしていかなければならない。

それは「変わったもの勝ち」ということでもあります。周囲が慌てている間に自分が変わればそれだけ優位に立てる。次章以降ではそのための考え方をお話ししていきます。

第2章
複雑な市場を分析する5つのコンセプト

想定を超えた力を生み出す「創発」

創発とは

あらゆることが加速度的に変化していく時代、社会や市場を構成する要素は複雑に絡み合っています。その現状を読み解くことや、未来を予測することはとても困難で、まさに「一寸先は闇」です。

しかし、ヒントはあります。分からないものを分からないという理由で無視してしまえば、何も変わりません。先人たちは、より良い社会をつくるために叡智(えいち)を集め、現代に残しています。それらの多くは、これからの社会においても有益な教えを説いてくれています。本章では、世の中がどのような要素で変化を見せるのかを分析するために有効な、５つのコンセプトを紹介します。

１つ目は「創発」です。

１つのグループ全体の能力が、１人ひとりの能力の総和を超える、あるいはまったく違う価値を持ったり、新しいアイデアが生まれたりすることがあります。これを創発と呼びます。

第１章でお話しした「ジャスミン革命」は、まさに創発による現象といえるでしょう。みんなが社会への不満をＳＮＳに書き込む、その１つひとつは小さな力ですが、それらが集まることで大きな政治的運動に発展し、結果、政権が倒れるまでに大きな影響力を持つことになりました。

ビジネスの例で言えば、「Ａｐｐ Ｓｔｏｒｅ」[※29]です。アプリ１つひとつの開発者は、それぞれ個別に、より良い機能のアプリを開発しようとしているだけですが、結果としてそのプラットフォームには大きな価値が生まれています。

誰かが購入しているアプリのリストを見れば、その人がどんな人か、自分

※29
アップルが運営する、iPhone、iPod touch、iPad向けアプリケーションのダウンロードサービス

と気が合いそうかどうかといったことが、ある程度判断できてしまいます。そうした価値は、それぞれのアプリの開発者には、まったく想定できていなかったことでしょう。

創発は目新しい現象ではありません。チョコ菓子の商品名である「キットカット」という言葉は、「きっと勝つぞ」という言葉を博多弁で言う場合の発音に近く、福岡県の女子高生の間で「受験にキットカットを持っていくと合格する」といわれるようになりました。大事な勝負事の前にトンカツを食べるのと同じです。キットカットを生産するネスレは、そうした動きを上手に利用しました。全国の受験会場の前でキットカットの試供品を配ったことで、この流行は全国的に広がりました。

あるいは不二家の「カントリーマアム」。誰が言ったわけでもありませんが、「電子レンジで温めるとおいしい」と口コミが広がりました。温めるクッキーという新ジャンルを発見したことで、長寿商品となっています。

こうした現象は自然発生的に生まれます。誰が思い付いたわけでもないのに、多くの人が関わることで、想定されていない結果が出るのです。

日本人は創発を起こすことが得意

もともと日本人は、創発を生み出すことを得意としていました。ここでもトヨタの〝カイゼン〟を例に挙げますが、従業員の声を集約し、新たな価値を生み出そうという作業は、まさに創発を狙ったものです。1つひとつのカイゼンが持っている価値は、工程が何秒縮まった、コストがいくら下がったという端的なものです。しかし、全社的にカイゼン運動を行うことによって、従業員の意識がポジティブに変わり、改善していない部分の効率まで上がってしまうということが起きます。こうしたことも創発といえます。

特にITが普及している現代においては、創発が起きやすくなっています。ジャスミン革命の例で言えば、デモに参加しなくても、SNSを通して自宅で政治運動ができるということから広がっていきました。App Storeにしても、プラットフォームが共有化されているからこそ、創発を生み出すことができています。

今まではリアルに人が集まる場所でしか生まれなかった現象が、ネットワークを通じて起きるようになっているのです。24時間365日、世界のどこかで創発が起きていると言っても過言ではありません。

新しい価値を生む「オープンイノベーション」

創発が起きる条件には、まず数の要素があります。多くの人が関わったほうが創発が起きやすい。ただ、数が多ければいいというわけではなく、均一的な集団より、多様性のある集団のほうが、深く、意外性のある創発を生み出すとされています。イメージしてみれば当然で、同じ考え方の人ばかりが集まっていても、新しいアイデアは生まれづらいでしょう。

20世紀のビジネスにおいては、企業の研究室という閉じられた場所で、なるべく秘密を守り、深い議論をすることで創発を期待するというモデルが主流でした。しかし現代では、どれだけ不特定多数の人を巻き込めるかが重要です。「オープンイノベーション」[※30]や「オープンプラットフォーム」[※31]という

※30
企業が社内資源のみに頼らず、他社や大学、公的研究機関、社会起業家など、広く社外から技術やアイデアを集めて組み合わせ、革新的なビジネスモデルや製品・サービスの創出へとつなげるイノベーションの方法論

※31
従来は製品やサービスを開発する際、技術仕様などを公開せず、他社製品が参入できないようにしてきた。これに対し、オープンプラットフォームでは、技術仕様などを公開することで、開発者の参入を促し、製品やサービスをより広く普及させることを期待している

考え方が出てきたように、自分と経済的関係や利害関係がない人、時には消費者まで巻き込んで進化を生み出すということを、考えなければならない時代になっています。

私自身の話になってしまいますが、「iモード」[※32]では、誰でも自由にコンテンツを開発することができるようにしていました。新型の電話機を発表した日の夜には、誰でもアクセスできるウェブページに、ケータイの仕様などをすべて公開してしまうのです。

iモードには公式コンテンツがありましたが、これはいわば〝見せ球〟でした。正統派のコンテンツを揃えて、あえて隙をつくっておく。そうすると、少し変わった面白いコンテンツを作る人が出てきます。結果として、iモード全体のコンテンツに対するアクセスのうち、公式コンテンツへのアクセスが3割、非公式コンテンツへのアクセスが7割になりました。公式コンテンツへのアクセスが少ないことは問題ではありません。開発者への間口を広げることで、iモードは大きなムーブメントを起こすことができたのです。

App storeも同様で、販売されているアプリは、基本的にアップ

※32
NTTドコモの携帯電話で、インターネットメールやウェブページの閲覧などができるサービス。1999年にサービスが開始されると、世界初の携帯電話によるインターネット接続サービスとして爆発的に普及した。著者はこのサービスの中心的開発者である

ルが関与せずに開発されています。アップルは自分たちが考えてもいないような価値が生まれることを期待して、プラットフォームを設計したのです。結果的に世界中の開発者がアプリを作り、新たな価値が生まれています。

ほかにも、グーグルやマイクロソフトなど、数々の企業がオープンイノベーションによって革新的な商品やサービスを生み出しています。外部の人材の引き抜き、共同研究、M&A、あるいは複数企業や産官学によるコラボレーションといった手法は、すでに一般的になっています。いつまでも自分たちの中だけで価値を生み出そうと考えていては、井の中の蛙（かわず）にしかなれません。

東京五輪エンブレム論争で起きた創発

以前、2020年に開催される「東京オリンピック・パラリンピック」のエンブレム選考が話題になりました。最初に選ばれたエンブレムが盗作疑惑で白紙になった後、2回目の選考で、私は選考委員を務めました。

ここで考えた方法は、あえて選考の過程を世の中にさらすというものです。4つの最終候補作をネット上に公開して、広く意見を求める。しかし選考自体は委員会が行うということも公表しました。そのことによって、「出来レースじゃないのか」「なぜ多数決じゃないのか」と、大きく炎上しました。

多数決で決めるのは簡単ですが、このような場合には危険が伴います。なぜならば、投票するすべての人が同じレベルで判断するわけではないからです。ある人は、このエンブレムがどう使われるか、海外の人にどう見られるかまで考えて決める。また別の人はよく考えずに直感的な好き嫌いで選ぶ。これらを同じ1票として扱うことはできません。

ではなぜ公表したかというと、これも創発を狙ったものです。委員会での審査過程でも、各候補作品についてさまざまな意見を交わしていたのですが、やはり委員会のメンバーだけでは気付かない点が出てくるはずです。公開すれば世間に大きく注目され、みんながいろいろ教えてくれるだろうという期待でした。実際に思いもよらない指摘をたくさんいただき、それらを考慮した上で、1案に決定しました。今では、最初からあのエンブレムに決まっていたかのように、広く馴染(なじ)んでいるのではないでしょうか。

創発の概念を広く活用する

創発の概念は、あらゆる分野で活用することができます。例えば書籍。編集者は常に優秀な書き手や作品を探しています。そうして編集者が発掘することで、作家や作品が世に出るというのが一般的な筋道です。

しかし、オープンな場を提供して作品が生み出されるのを待った方がいい場合もあります。アマゾンでは「ダイレクト・パブリッシング」といって、誰でも自分の作品を「Kindle」[※33]の電子書籍として販売することができます。プラットフォームを大きく広げることによって、埋もれたベストセラーの種が育つことを期待しているわけです。同人誌が販売されるコミックマーケット[※34]も同様で、そちらからもヒット商品が生まれるようになりました。

政治の分野であれば、選挙制度も考え直すべきです。今までの選挙制度では、物理的な地域を分けて選挙区が構成され、それぞれの定数が決められて

※33 アマゾンが製造・販売する電子書籍用端末、およびソフトウェア。専用端末やパソコン、スマートフォン、タブレットなどで電子書籍を読むことができる

※34 通称「コミケ」。世界最大規模の同人誌即売会で、毎年夏と冬の2回開催される。参加者は抽選で決められ、中学校卒業以上の学歴を持っていれば誰でも申し込みができる

います。しかし、インターネットによって地理的な制約を超えてコミュニケーションし、利害関係が構築され、経済活動を行っている世の中で、従来の枠組みにどれだけの重要性があるのでしょうか。国会や各自治体の議会は、それこそ創発のプラットフォームになり得る場です。現代のネットワークを前提にした選挙システムを考えていくべきです。

あるいは教育です。個々人が小学校や中学校で習う内容に大きな差異はありません。「日本の中学生であれば、最低限これくらいの知識を持っていなければならない」という発想、つまり均一性を求める教育です。しかし、あまりに均一性を求めてしまうと、社会全体の多様性が失われ、創発が起きづらくなってしまいます。そのような教育制度が、果たしてこれからの社会に最適なのでしょうか。

ビジネスにしても、社会システムにしても、創発が生まれることを想定するかしないかで、結果は大きく変わります。「それぞれの個人や企業が持っているリソースを組み合わせれば、これだけのシナジーがある」というような、あらかじめ想定できる要素の計算だけでは、本当の競争力は生み出せません。変化の激しい時代では、そのシナジーが数年後にも通用するとは限らないからです。

ムーブメントを形成する「自己組織化」

自己組織化とは

2つ目のコンセプトが「自己組織化」です。

一般的に、人々が組織を構成して行動するためには、必ずその行動の意図やミッションの共有、指示を出すリーダーの存在が必要です。自己組織化とは、そういったプロセスを経ずに、1人ひとりが自分の判断で行動していたら、あたかも組織化されているような動きが生まれる現象です。

ある程度以上の人数で構成された集団を細い通路で向かい合わせに歩かせると、自然に右側通行や左側通行といった流れができます。この場合、1人ひとりは、こう歩くと効率的だと考えているわけではありません。最も歩きやすい方向、つまり前の人の背中を付いて歩いていくことによって、全体の流れができ、お互いがぶつからずに歩けるようになる。そのようなイメージです。

これは社会の中でも起きることで、前述のジャスミン革命の例で言えば、みんながネット上で不満を発信し、政治的な力を発揮するという段階までは創発による現象です。その後、街頭に出てデモが起きる。しかし、デモを指揮している人はいないという自己組織化が起きるのです。

また、ブームや流行といったことにも、自己組織化が働いています。例えばＡｐｐ Ｓｔｏｒｅで「パズル&ドラゴンズ」[※35]が流行ると、瞬く間に似たようなアプリがたくさん登場しました。古くは、人気モデルがミニスカートを履くと、若い女性がみんな似たようなミニスカートを履くようになるといった現象も見られました。どちらも、「これが今の主流だ」などと誰が決めたわけでもないのに、流行が生まれるのです。

※35
ガンホー・オンライン・エンターテイメントが配信するゲームアプリ。新感覚パズルRPGとして人気を集め、App Storeの総合売上げランキング(iPhone)で、2012年から2014年まで1位となった

＞＞＞ マネージャブル炎上で認知度を高める

自己組織化は、関わる要素の数が多くなければ、効果を生みません。そのため、自己組織化を狙うためには、まず、世の中に広く知られることが重要です。いかに優れたものであっても、認知度が低ければ埋もれてしまいます。

認知度を高めるための方法としては、SNSなどでわざと炎上させるという方法があります。私のツイッターはよく炎上しますが、これはあえてそうさせているという部分があります。単に正論を呟いても、フォロワーは増えません。しかし極論であったり、少し強い言葉を使ったりすると、炎上はしますが、その結果フォロワーが増えます。いわば〝マネージャブル炎上〟を起こすのです。

創発の事例として東京オリンピックのエンブレムの話をしましたが、最初に選ばれた作品は、盗作疑惑で大炎上してしまいました。これはマネジメントできない炎上です。

その後、私は2回目の選考委員会を務め、創発を狙って炎上を起こさせたのですが、同時にエンブレム選考に対する関心を高めてほしいという狙いもありました。「一般公開するけれど、投票では決めない」という発表は火種です。ただし、それは大炎上を引き起こすほど大きな火種ではありません。一時的に大きく炎上はするけれど、すぐに収まります。適切な大きさの火種を仕込んだことで、あれだけ日本中で語られ、有益な情報を集めることができました。今ではほかの案があったということすら覚えていない人もいるのかもしれません。

エンブレムに引き続き、私は東京オリンピック・パラリンピックのマスコット選考検討会議にも参加しています。ここでも同じように炎上を狙った火種を考えました。それが、小学生に投票させるという選考方法です。まず、作品を広く公募し、候補を3~4点に絞ります。そして全国の小学校各クラス1票として、候補の中からどれがいいかを投票してもらって決定します。「投票の正確性は大丈夫なのか」という指摘もあるので、校長先生に集約していただいて、代表して投票してもらうシステムにしていますし、IDやパスワードは正確に発行します。

この選考方法がどのように有効かというと、まず、当事者として関わる人の数が多い。現在全国の小学生は約650万人[※36]です。両親やきょうだいを含めれば、その2・5倍くらいの人が関わることになります。当事者のみなさんには、この選考方法は絶大に支持されるはずです。何しろオリンピックの顔であるマスコットを、本当に自分や自分の家族が決めてしまうことになるのですから。

そして炎上の火種としてもちょうどいいサイズといえます。そもそもマスコットの選び方は非常に難しい。子どもをターゲットにしているものなので、どんなマスコットが良いかは、なかなか判断が付きにくいのです。であれば、子どもに決めてもらう方法が最適です。「国の重大なイベントのマスコットを小学生に決めさせていいのか」という火種を起こしながらも、理にはかなっているわけです。実際、この選考方法を発表したことで大きな話題にはなっていますが、大炎上というところまでには広がっていません。今回のマスコットは、日本人の心に最も長生きするマスコットになるはずです。

※36 2016年度。文部科学省発表

このように、認知度を高めるために炎上を狙うという手法はとても有効なのですが、反面、仕掛けている本人も、どこまで炎上するのかを正確に予想することは不可能です。コントロールが非常に難しいのです。

何も、どんなビジネスでも炎上が必要であると言いたいわけではありません。実際に炎上を起こすかどうかは別として、認知度を高めるためにあえて少し変わったやり方で人の興味を惹くというマネージャブル炎上の考え方は、非常に重要だということです。

「AIBO」と「Pepper」の違いとは

意図的に自己組織化を活用するのは、とても難しいことです。すでに自己組織化の流れが出来ているときには、それと逆行することを仕掛けても期待通りの効果が生まれません。タイミングも難しく、いつ仕掛けてもいいわけではない。世の中の動向、世間の関心、産業や技術的なトレンド、そういったものが複雑に絡み合っている中で、1つひとつの判断をしていかなければいけません。「こんなにすばらしい商品を作ったからすぐに売り出そう」というだけでは難しいのです。

例えば、1999年に発表された「AIBO」[※37]です。当時は世界的なムーブメントになるほどのインパクトはありませんでした。AIの技術が十分でなく、単なるロボットとしてしか認識されなかったのです。

それから15年後に発表された「Pepper」[※38]はまったく違う展開を見せました。最新のAIを搭載した世界初の感情認識ロボットとして、世界中の注目を集めたのです。「ペッパー君」を見れば、誰もが話し掛けてみようとするのではないでしょうか。従来の「ロボット」としての機能を超える付加価値を持っているわけです。もしAIの進化を待ってAIBOを開発していたなら、もっと大きなトレンドになっていたかもしれません。

もう一例として、富士通は2004年に全面液晶モデルのケータイを発表しました。当時私はNTTドコモで働いており、「この程度の技術では、誰も満足しないぞ」といった主旨の議論があったことを覚えています。富士通が開発した液晶の技術は完成しているけれど、タッチパネルの性能や、回線

※37 アイボ。ソニーがかつて販売していた動物型ペットロボット。子犬に似た動作をし、ユーザーとのコミュニケーションを介して成長するように設計されていた。2006年に生産が終了となり、2014年には修理対応も打ち切られた

※38 ペッパー。ソフトバンクが販売する人型ロボット。家族の顔と名前を覚えて挨拶したり、状況に応じて一緒に喜んだり、励ましたりするなどのコミュニケーションが可能。また、家庭向けだけでなく、オフィスや店舗のスタッフなどとしても導入が進んでいる

の早さなど、他社から組み込む技術が不十分だったわけです。それでは製品として成り立たないはずなのに、富士通側は「いや、この技術ができたから、今すぐに出したいのです」と主張しました。特にメーカーだと、技術開発できたものは、他社よりも少しでも先に出したいという意識がものすごく強い。そうして、消費者にとってあまり価値のない技術が付き、その分コストの高い商品を世の中に送り出してしまいました。

過大評価も過小評価も危険

その点、ｉＰｈｏｎｅは投入のタイミングも絶妙でした。従来型のケータイの次世代を担う存在として、世界中のユーザーの支持を集めたのです。結果、「スマートフォンといえばｉＰｈｏｎｅ」という自己組織化を呼び起こしました。

ｉＰｈｏｎｅに関して、少なくともハードについては、アップルは何の技術開発もしていません。１つひとつの部品は、すべて他社によるものです。

iPhoneは2007年に発表[※39]されましたが、アップルの創業者であるスティーブ・ジョブズ氏は、2001年頃からその構想を考えていたといいます。しかし、その段階では彼の求めるものに世の中の技術が追い付いていなかった。彼の美学では、そこまで追求しないと販売できなかったのです。彼が自己組織化を狙っていたわけではないのかもしれませんが、その美学が自己組織化を呼び起こしたことは間違いありません。

このように、自己組織化という現象は予想が付きにくいものですが、反面、実際に起きるとものすごく大きなパワーを持ちます。ただし、過大評価をしてもいけません。繰り返しになりますが、期待通りの自己組織化が起こらない場合があるからです。

近代の経済学や社会学は、人は論理的に考え、経済合理性で動いているはずだという前提に立脚して発展してきました。ところが、人々はそれほど論理的に考えず、合理的に物事を決めているわけではないということが、だんだんと分かってきました。なおかつITの普及によって情報量があまりに多くなってしまったがために、ますます、すべての情報を集めて、比較、検討

※39 2007年にアメリカでのみ発売されたiPhoneは、第2世代のGSM/GPRS方式で通信速度が遅く、ブラウザーやアプリはWi-Fiでないと動かないもので、ほとんど普及しなかった。2008年に「iPhone 3G」が発表されて初めて広く普及したことはあまり知られていない

するという人がいなくなってしまいました。供給者にとっては、まさにカオスです。

逆説的になりますが、だからこそ、自己組織化などのコンセプトへの理解が必要です。世の中のどんな要素が絡み合い、どんな流れが生まれるのか。どんなタイミングで人々の意識が変化するのか。常にそうした視点で社会を観察する必要があるのです。

外的要因が利益をもたらす「外部経済性」

外部経済性とは

3つ目のコンセプトは「外部経済性」です。

これを端的に言えば「成功と失敗をわける要因が、自分たちで操作できない要素に基づいている」ということを意味しています。

例えば、ある場所にレストランがオープンしたとします。料理も接客も抜群でしたが、一向に流行る気配がありません。しかし、ある日レストランの近くにバス停が出来ると、急に客が増え始めました。たまたまバスを降りた人の目に留まり、入ってみたらとてもおいしかった。そうした口コミが広がって、一気に繁盛するようになったわけです。バス停が出来るかどうかはレストラン側には操作できません。これが外部経済性です。

こうしたことが今、いろいろな場所で起きています。例えば配車サービスのUberで知られるウーバー・テクノロジーズが、「UberEATS（ウーバーイーツ）」[※40]というサービスを始めました。これは、いわゆるデリバリーサービスですが、ウーバー・テクノロジーズの社員が料理を作るのではなく、既存の飲食店の料理を、UberEATSに登録した配達員が消費者へ届けるというシステムです。ユーザーは遠いお店に行かなくても気軽に料理を楽しむことができ、飲食店側は今までアプローチできなかったお客さんから注文を受けることができます。まさに〝Win—Win〟のシステムで、従来、立地が悪いために儲からなかった飲食店がとても助けられています。

飲食店側にとってUberEATSというサービスが始まるかどうかは、まったく操作できません。また、UberEATSのユーザーが増えれば増えるほど、その飲食店の売り上げが伸びていく可能性があるわけですが、UberEATSの普及のために、飲食店側ができることもありません。飲食

※40
ウーバー・テクノロジーズが運営する、自動車配車ウェブサイトおよび配車アプリ。利用者はクレジットカード番号を登録し、スマホにアプリをダウンロードする。アプリを開いて地図をタップすれば、近くにいるタクシーが駆け付け、料金はアプリで自動的に決済する仕組みとなっている

店にとってＵｂｅｒＥＡＴＳは外部経済性に当たるわけです。

>>> DVDを普及させた「プレイステーション2」

外部経済性も新しい概念ではありません。古い例で言えばＤＶＤです。ＤＶＤが売り出されたのは、１９９０年代の後半です。当初はＤＶＤプレーヤーの価格が高過ぎて、まったく普及しませんでした。しばらくはレンタルビデオ店の棚にもＶＨＳが並んでいるような状況でした。

それがなぜ現在のように広く普及したかというと、「プレイステーション２」という外部経済性が働いたからです。１９９９年に発表されたプレイステーション２は、ゲーム機としても広く普及したのですが、ＤＶＤも再生することができました。しかも、一般のＤＶＤプレーヤーよりも値段が安い。こうしてＤＶＤの普及に一気に弾みが付きました。

これは、プレイステーション２を販売するソニーにとっても外部経済性に当たります。ゲームソフトの数がまだ少なくても、ＤＶＤプレーヤーとして使えるということを〝売り〟にできた。プレイステーション2にとってDVDが外部経済性であることを認識していたからこそ、そうした打ち出し方ができたのです。

ビジネスを展開する上で、外部経済性を加味することは欠かせません。自分たちにとって何が外部経済性になり得るのかを広い視点で考えていれば、戦略的な活動の大きなヒントになるのです。

後追いでは利用価値が低い

技術的には同等であっても、自分たちのサービスや商品にとって、どんなものが外部経済性に当たるかを理解できているかいないかで、消費者に提供できる価値は大きく変わってしまいます。残念ながら、そうした点で出遅れている例は日本の企業に多く見られます。

スマートフォンが普及したおかげで、誰もがインターネットでラジオを楽しむことができるようになりました。情報収集はもちろんのこと、いつでも音楽を楽しむことができるので、多くの人に利用されています。

　こうした状況を、ＢＯＳＥ[※41]やＢａｎｇ ＆ Ｏｌｕｆｓｅｎ[※42]は外部経済性として捉えました。これらのメーカーのオーディオでインターネットラジオを聴く場合、スマートフォンに専用アプリをダウンロードして、一度セットしておけば、わざわざ毎回接続する必要がありません。選局もオーディオ側で操作できます。

　しかし、日本のオーディオメーカーは、インターネットラジオを外部経済性であると理解できていませんでした。日本のメーカーが作る商品は、インターネットラジオを聞きたいのであれば、スマートフォンをＢｌｕｅｔｏｏｔｈ[※43]でつないでください、というだけの機能しか持っていません。選局などはスマートフォンでしなければならず、操作性が悪い。ユーザーがどちらを選ぶかははっきりしています。

　自動車産業でも似たような現象が起きています。スマートフォンが普及した今、外出先の場所などをチェックする際、多くの人は「グーグルマップ」を利用しています。グーグルマップはとても精度が高く、周辺地図はもちろ

※41 ボーズ。スピーカーを主としたアメリカのオーディオメーカー。音質の高さに定評があり、知名度も高い

※42 バング＆オルフセン。デンマークの高級オーディオメーカー。高いデザイン性とユニークなUI（ユーザーインターフェース）で有名

※43 ブルートゥース。複数のデジタル機器を無線で接続し、データ通信を行う技術の共通仕様。携帯電話やパソコン、デジタル家電などを相互接続する

んのこと、目的地への所要時間まで示してくれます。もはや、一般的なカーナビを凌駕する機能を備えています。

前述のテスラのクルマは、こうした機能を取り入れ、手元のタッチパネルでグーグルマップを操作できるようになっています。グーグルマップの機能が外部経済性であることを正しく理解して、最初からクルマの一部として取り入れているのです。もちろん、インターネットラジオも同じように操作して楽しめます。

一方で日本のメーカーはどうか。グーグルマップが普及し始めても、各メーカーによるカーナビの開発は続けられました。だんだんとグーグルマップのほうが精度が高いということに誰もが気付き始め、カーナビ競争は終わってしまったわけですが、今でも多くの自動車には、あまり見栄えのよくないカーナビが付けられています。インターネットラジオにしても、こちらもわざわざＢｌｕｅｔｏｏｔｈでスマートフォンと連携しなければなりません。こうしたことでは、クルマとしての付加価値にはつながらないのです。

では今からでも日本のメーカーが同じものを作ればいいのかというと、そう簡単な話ではありません。後追いをしても、単なる二番煎じにしかならない。ここで紹介したような海外の商品と比べたときに、日本製を選択するユーザーは少ないはずです。外部経済性の利用価値が高いのは、最初だけなのです。

外部経済性を利用しない手はない

外部経済性の最大のメリットは、商品やサービスのために必要なリソースを、自分たちですべて保有する必要がないという点にあります。外部のリソースを活用して、最大限の価値を提供することができるのです。この外部経済性を利用しない手はありません。

例えばホテルをオープンしようとしたとき、ある場所に大きなレジャー施設が出来るという情報があるのにもかかわらず、わざわざそこから遠く離れた場所にホテルを建てるということは、どう考えても分が悪いでしょう。そうしたことは誰もが理解しているはずなのに、ＩＴとなった途端に、多くの人が正しい判断をできなくなってしまいます。

新しいものは予想が付かないから危険だという考え方から離れられないのかもしれません。もちろん、外部経済性をもたらす要素をすべて予想できるわけではありませんが、インターネットがあらゆる分野に対して外部経済性をもたらすものであるということは、10年前には明らかに認識できていたはずです。それなのにいまだに改められていません。

テスラのクルマでは、大体1カ月半に1回、ソフトが自動でアップデートされます。こうした仕様のクルマを作ることは、日本のメーカーでも可能なはずです。しかし、なぜ作らないのか。某自動車会社の幹部の方に聞くと、「ソフトを更新するディーラーの仕事を奪ってしまうので……」と言われてしまいました。こうしたことが実際に起きています。

あるいは、教育の分野です。インターネットで何でも検索できるのに、カンニングになるからインターネットを使ってはならないというのは、ナンセンスも甚だしい。社会に出てからインターネットなしで仕事をすることなどあり得ないのですから。そんなルールが出来てしまうのは、昔のやり方でなければ教師が教えることができないからではないでしょうか。それでは、本来の目的とはまったく違う所にある理由を、自分の都合の良いように正当化しているだけに過ぎません。

もちろん、すべての学校がそうだというわけではありません。ある学校では、ネット検索をしてレポートを書いてもいいということになっています。ウィキペディアはうまくまとまりすぎているので対象外ですが、それ以外であれば、参考にしたURLを明記しておけばOKです。そうすると、単に情報を丸写ししただけでは先生に分かってしまうから、必然的に自分の言葉でレポートをまとめることができるようになります。こうした姿勢こそまさに、外部経済性への理解ではないでしょうか。

今まで自分が理解していなかった場所に、自分への利益を与えてくれる要素があるかもしれないと意識しておく。チャンスが近付いてきたとき、その尻尾を掴めるかどうかは、普段の姿勢によっても左右されるのです

市場の方向性を決める「デファクト・スタンダード」

デファクト・スタンダードとは

４つ目のコンセプトとしてお話しするのは、「デファクト・スタンダード」です。

デファクト・スタンダードとは、「大多数のユーザーが使うことで、事実上の標準規格になったもの」のことです。

例としては、「ＢＤ（ブルーレイディスク）」です。２０００年代、ＤＶＤの後継規格として、「ＢＤ」と「ＨＤ ＤＶＤ」[※44]が登場しました。記録容量の差などからＢＤが有利と予想され、ＨＤ ＤＶＤ陣営は撤退、現在ではＢＤ

※44
エイチディー・ディーブイディー。２０００年代前半に発表された光ディスクの規格。同時期に登場したＢＤと共に、次世代ＤＶＤの候補として注目された

に一本化されています。

デファクト・スタンダードに対抗する言葉として、ＩＳＯ（国際標準化機構）やＪＩＳ（日本工業規格）などによって定められた、公的な標準である「デジュール・スタンダード」があります。例としては乾電池です。乾電池はそれぞれの大きさや形が決められ、どのメーカーのものであっても使える、世界共通の規格で作られています。

デジュール・スタンダードの良い面は、二重投資が必要ないことにあります。複数の規格の中でデファクト・スタンダードを争おうとすると、膨大な時間とコストが掛かります。競争を勝ち抜けなかった側にとっては、それらが無駄になってしまいますし、社会的な経済損失にもつながります。対して、デジュール・スタンダードとしてあらかじめ決まっているのであれば、時間もコストも掛かりません。

反面、デメリットとしては、市場での競争を経ずに決められたものなので、必ずしも優れた商品やサービスでない場合があるという点です。決められた時点では評価が未知数なわけです。一方、デファクト・スタンダードは、争いの結果として勝ち残っているので、少なくともユーザーによる目利きに耐えたものになります。

まとめると、デジュール・スタンダードはコストが低いけれど、優れた規格にはなりづらい。デファクト・スタンダードは、質の良い規格になる可能性は高いけれど、大きなコストや犠牲者が発生する恐れがあるということです。

余談になりますが、この話では、「Ｗｉｎｄｏｗｓ」と「Ｍａｃ ＯＳ」の例が出ることがよくあります。ＯＳ[※45]としてのデファクト・スタンダードはどちらであるか、といった主旨です。しかしこの議論は、実は適当ではありません。

マイクロソフトは「Ｗｉｎｄｏｗｓ95」を販売してＯＳ市場を大きく席巻しましたが、それ以前にもシェア的には「ＭＳ―ＤＯＳ」[※46]が主流でした。その後マイクロソフトはＷｉｎｄｏｗｓシリーズを販売することで大きな収益を上げていきます。つまり、マイクロソフトにとっての主戦場はＯＳです。

対して、アップルの主戦場はハードウェアです。ＭａｃやｉＰｈｏｎｅ、

※45 マイクロソフトが販売する「Ｗｉｎｄｏｗｓ」に代表される、パソコンやスマートフォンを動かすための基本となるソフトウェア。アップルが販売する「Ｍａｃ」には、「Ｍａｃ ＯＳ」というＯＳが搭載されている

※46 かつてマイクロソフトが販売していたパソコン向けＯＳ。1995年にＷｉｎｄｏｗｓ95が発売され、ＭＳ―ＤＯＳはＷｉｎｄｏｗｓと統合された

iPadなど、ハードの付加価値を上げ、いかに高く販売できるのかを考えています。

両社はそもそも、同じ土俵で戦っているわけではないのです。デファクト・デジュールの議論をする際には、こうした背景の違いを理解することも大切です。

世の中はデファクト・スタンダードで動く

実際に強制力を持つデジュール・スタンダードが決められている場合、規格に選択の余地はありません。ただし、それをそのまま受け取っているだけではいけません。デファクト・デジュールという考え方には大きな違いがあります。その差を認識しないことは、非常に危険です。

例えば、市町村や特別区が発行する「住民基本台帳カード（住基カード）」には「タイプB」という非接触ICチップが使われており、デジュール・スタンダードに当たります。しかし住基カードの交付開始とちょうど同じ頃、「タイプC」と呼ばれる「FeliCa」[※47]をJRが採用しました。「Suica」や「PASMO」はこのタイプCを採用しており、私たちが開発したiモードの「おサイフケータイ」[※48]もタイプCを採用しました。

こうした広がりから、事実上のスタンダードはタイプCになってしまったのですが、2016年に発行が開始された「個人番号カード（マイナンバーカード）」に採用されているICチップは、依然、タイプBのままです。世の中ではタイプCがスタンダードとして広く普及したために、タイプBを使える場所は少なく、結果的にマイナンバーカードの普及は進んでいません。

規格を決める側の人からすれば、デジュール・スタンダードとして決定したことで、自然に広がっていくと考えているのかもしれません。しかし裏腹に、世の中ではデファクト・スタンダードが大きな力を持っていることが多いのです。

この選択を間違えると、提供できる価値が同じであっても、ビジネスそのものが成立しない可能性もあります。そもそも、商品やサービスを利用するのはユーザーです。どの商品やサービスを選択するのかは、ユーザー側に決

※47 フェリカ。ソニーが開発した非接触型ICカード。Suicaなどの乗車券システムから、電子マネー、マンションの鍵まで幅広い用途で使われている

※48 携帯電話に埋め込まれたFeliCaを使ったサービス。用途は電子マネーをはじめ、量販店のポイントカード、鉄道やバス・旅客機の乗車券、クレジットカードとしての利用など多岐にわたる。NTTドコモがシステムを開発したが、携帯電話による決済インフラ自体の普及を優先させるため、他社にもシステムや商標権がライセンスされた

定権があるのです。流行しているものやデファクト・スタンダードとなっているものには必ず理由があります。単に規格の区別と考えるのではなく、その理由をしっかりと分析し、謙虚に考えることがとても重要なのです。

>>> イノベーションを阻害するデジュールの考え方

デジュール・スタンダードの考え方は、イノベーションを阻害する危険があります。デファクト・スタンダードを巡る争いは、先行者としての利益を享受(きょうじゅ)したいがために起きるのです。損失を生むリスクがあっても、自社の規格が社会の標準となれば、企業にとって大きなリターンとなるわけです。

ところがあらかじめ決められたことに対しては、すべての人が横並びになります。リターンが受けられないのに、リスクを取る人はいません。そうして積極的に新しいものを生み出そうとする人がいなくなります。

第1章でお話しした内容と近くなりますが、日本では、デファクト・スタンダードになり得る新しいものが出てきても、拒否したり、規制したりする風潮が強い。扱い方をみんなで決めてから取り入れようという発想です。

例えば、グーグルのサーチエンジンはデファクト・スタンダードになりました。しかし、世界中に普及する直前、日本では「グーグルサーチの検索結果には個人の知財が表示されることになり、それは著作権法上問題があるのでは」という議論[※49]がなされていました。現在では考えられないことですが、本当の話です。実際にグーグルサーチがスタンダードになっていく中で議論は無意味になってしまいましたが、初期にはその動きが止められていたのです。その根本にはデジュール・スタンダードの考え方があります。

一方、英米法の世界は、「規定していないことはやっていい」という姿勢です。やってみた上で問題が起きたら修正して法体系に落とし込もうという、デファクト・スタンダードの考え方が社会のあらゆる部分まで浸透しています。

もちろん日本も学んでいます。前述のＢＤとＨＤ ＤＶＤの例は、規格争いとしては短期的なものでした。このことには、さらに以前、「ＶＨＳ」と「ベータマックス」という規格が激しく対立[※50]していたことの教訓が生かされ

※49 グーグルで検索すると、検索内容に合致するウェブページが一覧で表示される。それぞれのウェブページにアクセスしなくても、検索内容に該当する部分がグーグルのページ上で表示されることになり、このことが著作権法上問題ないのか、という議論があった

ています。ＶＨＳとベータマックスの争いでは、結果的にＶＨＳがスタンダードになったわけですが、両陣営が掛けたコストは莫大なものでした。ベータマックスを選んだユーザーにとっても大きな被害です。その二の舞にならないよう、ＨＤ ＤＶＤ陣営の中心であった東芝が、早期に全面的な撤退を決めたのです。

日本社会は、そこまではラーニングできていますが、法体系の整備や政府の決定という部分にまでは、まだ至っていません。これからは想像もしていなかったテクノロジーやサービスが生まれてきます。日本もデファクト・スタンダードの考え方をもっと取り入れていかなければ、技術の進化に社会が付いていけなくなってしまいます。デファクト・デジュールの議論はそれを示しているのです。

※50
１９７０年代半ばから約10年間にわたって、家庭用ＶＴＲの規格として、日本ビクターが規格主幹であった「ＶＨＳ」と、ソニーが規格主幹の「ベータマックス」の争いが起こった。家電品史上例のない競争となったが、徐々にＶＨＳ陣営が優勢となり、ソニー自身も１９８８年にＶＨＳの併売に踏み切ったことで、ベータマックスは事実上の市場撤退となった

相乗的な成長を引き起こす「ポジティブ・フィードバック」

ポジティブ・フィードバックとは

最後のコンセプトは「ポジティブ・フィードバック」です。

ここでの定義としては、「物事の良い結果が、さらにそれ自身を補強させる好循環を生み出すこと」としておきます。

あらゆる業界において、「卵が先か、鶏が先か」というような議論がなされています。ユーザーが増えないとアプリケーションも提供できない。しかし、アプリケーションがないとユーザーが増えないというようなジレンマです。

そのようなとき大切なのは、最初の1回転をいかに上手に回すかです。戦略パートナーを見付けたり、資金をギャランティしたり、とにかく最初の1回転を早く、大きく回すことに最大限注力します。そのことによって、次のサイクルが生まれてきます。

前述したＡｐｐ Ｓｔｏｒｅがここでもいい例です。最初に優れたコンテンツを提供し、ユーザーに普及させる。それによってアプリを開発する人も増え、連れてユーザーもまた増えていく。最初のきっかけさえうまくいけば、あとは自然に好循環が生まれて、どんどんとプラットフォームが成長していきます。

もしも最初のコンテンツが普及しなければ、アプリを開発しようとする人も限られていたはずです。最初にいかに優れたコンテンツを開発し、どれだけ広く普及させるかが重要だったわけです。

同じことがハードウェアでも起きています。ｉＰｈｏｎｅを使う人が増えると、部品を提供するメーカー側も、そこにもっと新しい技術を提供して利益を上げようとすることで、技術の集約が起きます。そうすると、ますます機能が高度化し、連れてユーザーの数も増えていきます。アップルはプラットフォームと技術の両輪のポジティブ・フィードバックを起こしているのです。

なぜ歌舞伎町は現在の場所にできたのか

ポジティブ・フィードバックは、ＩＴ革命以前から、特に不動産や都市計画の世界ではよく見られていた現象です。そうした視点から考えてみると、よりイメージしやすいかもしれません。

例えば新宿の歌舞伎町が繁華街として認識されていない頃に、最初に出来た飲み屋があったはずです。一軒だけだと満席になってしまって入れないかもしれませんが、もう一軒出来れば、どちらかに入れるので、安心してお客さんが増える。両方のお店が繁盛すれば、周りにお店がどんどん出来る。そうして現在のような歓楽街が形成されたわけです。

同じように、葛西周辺に多くのインド人が集まることでインド人街[※51]が生ま

※51 1990年代後半から、東京都江戸川区の西葛西駅周辺に多くのインド人が住み始めた。現在ではインド料理屋も多い

れました。高田馬場の韓国人街も同様です。海外には日本人街もあります。それらがなぜ現在の場所になったのかは、物理的には誰も説明できません。あらかじめ何かの条件が揃っていたわけではなく、始めのきっかけがうまく働いたために、ポジティブ・フィードバックが起きたわけです。

ポジティブ・フィードバックを狙って起こすことは難しいのですが、ビジネスの初期段階や新しい展開を迎えたときには参考になるはずです。最初の一回転をいかにうまく回せるかが、その後の展開を大きく左右することになるのです。

5つのコンセプトが絡み合って全体としての性質を見せる

バーチャルもリアルも理屈は同じ

元々私のバックボーンは都市計画です。この章でお話ししてきたコンセプトに出会ったのは、アメリカで受けた、リアルエステートエコノミクスの授業でした。不動産や都市計画の世界では、こうしたコンセプトが見えやすく当てはまるのです。

都市計画に携わっていたとき、「恵比寿ガーデンプレイス」の開発を担当しました。正直、当初は「これはうまくいかないだろう」と思っていました。敷地が駅から離れていましたし、当時の恵比寿には寂(さび)れた印象もあった。し

※52 1994年、恵比寿ガーデンプレイスにシャトーレストラン「タイユバン・ロブション」がオープン。日本のフレンチの最高峰として人気を集めた。2004年に閉店したが、その建物を継承した「ジョエル・ロブション」が開業。アジア初のミシュランガイドである「ミシュランガイド東京2008」以降、10年連続で三ツ星の評価を得ている

かし、結果的には大きな成功を収めたといえると思います。

　インフラを整えて綺麗な町並みを整備することは、それはそれで重要なことではありますが、判断としては難しいことではありません。問題は、そこにどんなテナントを呼べるかでした。

「シャトーレストランなど、こんな所で成り立たない」といわれていたのですが、「ロブション」[※52]はずっとミシュランの三ツ星レストランとして人気を集めています。そこに「ウェスティンホテル」[※53]が入り、さらに人が集まり、「モルガンスタンレー」[※54]のような外資系企業のオフィスも入ってきた。ポジティブ・フィードバックによって、町並みも高級化し、それぞれのテナントもより潤うようになりました。そうしてお客さんも、どんどん来てくれるようになりました。

　そうした経験以来、私はＩＴビジネスを考える際には、都市計画のモデルに立ち戻るようにしています。ＩＴにおけるネットワークが鉄道や線路、ガス、電気、水道といったインフラ、コンテンツに相当するのがテナントです。バーチャルで起きていることと、リアルで起きることは、理屈としては同

※53　1994年、恵比寿ガーデンプレイスに「ウェスティンホテル東京」がオープン。世界中の宿泊施設を10段階に評価する「Official Hotel Guide」で、最高ランクに次ぐ「Deluxe」に格付けされている（2017年8月現在）

※54　ニューヨークに本拠を置く世界的な証券会社・投資銀行。日本拠点のオフィスを1996年に東京・大手町から恵比寿に移転した。2014年に再度大手町に移転

じなのです。ここまでお話しした5つのコンセプトも、1つひとつは決して新しい概念ではありません。

「自分に関係ない」という分野は皆無

ただし、ここで強調しておきたいのは、それぞれの概念が独立して働いているわけではなく、お互いに関連する複数の要素が組み合わさることによって、全体としての性質を見せるということです。個々の要因だけを見ても、明らかにならないことが多いのです。

さらに現代では、ＩＴの普及によって情報が一瞬で共有されることで、このような現象が以前に比べて起きやすくなっています。その上、地理的制約や産業界の垣根、バーチャルとリアルの壁を超えて互いに影響し合っています。

これまではまったく関係ないと思われていた事象同士が、次々に有機的な働きをし、新たな価値を生んでいく。そう考えれば、もはや、「私たちのビジネスには関係ない」という分野は皆無かもしれません。

これから私たちは、そうした認識に基づいてビジネスや社会システムを考えていくべきです。実に大きなパラダイムシフトが起きている。それを認識しなければなりません。

状況は、今、この瞬間にも変わっていきます。だからこそ、常にアップデートする必要があります。最も危険なのは、どちらにも進むことができず、足踏みすることです。進む方向が当初の予定と違ってもいい。とにかく進んでいきましょう。本章で紹介したコンセプトが、その足掛かりとなれば幸いです。

市場を分析する5つのコンセプト

❶創発

グループ全体の能力が個人の能力の総和を超える、あるいはまったく違う価値やアイデアが生まれること

❷自己組織化

1人ひとりが自分の判断で行動していたら、あたかも組織化されているような動きが生まれること

❸外部経済性

成功と失敗をわける要因が、自分たちで操作できない要素に基づいていること

❹デファクト・スタンダード

大多数のユーザーが使うことで、事実上の標準規格になったもの

❺ポジティブ・フィードバック

物事の良い結果が、さらにそれ自身を補強させる好循環を生み出すこと

第3章

分析力を育てるための思考術

食わず嫌いをせずに何でも試してみる

どんな流行にも理由がある

第2章では、複雑な市場を分析するために必要なコンセプトを紹介しました。本章では、そうした分析をより有効に活用するための〝思考術〟について考えていきます。私たちはさまざまな理由から、色眼鏡を掛けて社会を眺めてしまいます。それではいくら正しい分析方法を知っていても、世の中の本当の姿を知ることはできません。

私たちの周囲には、あらゆる情報が溢れています。表面上に見える部分だけに惑わされるのではなく、冷静に見極めることが必要です。それは、世の中の間違ったことや不十分な部分を見付けるための姿勢と言い換えてもいいでしょう。イノベーションとは、そうした課題を解決するために生み出されるのです。

まずは、世の中で起きていることに対して、「食わず嫌いをしない」ということです。

例えば、「インスタグラム」[※55]が若い女性を中心に流行していますが、特に男性の中には、「別に写真なんて撮らないし」という人も多いでしょう。あるいは「ポケモンGO」[※56]をするために夜中の公園に集まる人たちの姿を見て、「大の大人が何をやっているんだ」と思う人もいるでしょう。「女子高生がやるもの」「ゲーム好きの間で流行っているもの」という偏見から、自分とは無関係だと考えてしまうのです。

そもそも人間は、慣れているものに対しては優しく、新しいものに対しては厳しい態度をとってしまうものです。新しいものに慣れるのは面倒だし、危険があるかもしれないからと、受け入れづらいのです。

しかし、新しいものが生まれることや、それが流行することには、必ず何

※55 スマートフォンで画像や短時間の動画を共有できる無料アプリ、およびそれを用いたサービス。スマートフォンで撮影した画像を加工して投稿できる。2010年の登場以降飛躍的に成長し、国内のユーザー数は1600万人に至っている(2017年2月時点)

※56 アメリカのナイアンティック社と、株式会社ポケモンが共同で開発したスマートフォン向けゲーム。地図上に自分の現在位置、ポケモンの大まかな居場所やアイテムを入手できるスポットなどが表示され、実際にその場所に行けばポケモンと出会えるというもの

らかの理由があります。だからこそ、「とりあえずやってみよう」という心構えが大切です。

流行の背景には、自分たちのビジネスにとっての、外部経済性が隠されているのかもしれません。あるいは創発の事例として捉えるべきなのかもしれない。もしかしたら、ポジティブ・フィードバックを得られる可能性もあります。流行が大きければ大きいほど、その可能性は高いのです。

何もヘビーユーザーになる必要はありません。インスタグラムのアカウントをつくってフェイスブックと連携すれば、自分の知人の中で誰がやっているのかが分かります。ポケモンＧＯも、身の回りの場所で少し試してみるだけでも雰囲気が分かると思います。そうすれば、なぜ流行っているのか、どういう点で面白いのか、すべてではなくても理解できるはずです。

私はＭａｃユーザーで、ＷｉｎｄｏｗｓのＯＳはあまり好きではありません。しかし、最新バージョンのＷｉｎｄｏｗｓは常に試しています。スマートフォンも主にｉＰｈｏｎｅを使いますが、「Ａｎｄｒｏｉｄ」[※57]の端末も新しくリリースされたものは必ず使うようにしています。そうすることで、情

※57 グーグルが開発したスマートフォン用ＯＳ。ライセンスフリーで提供されており、急速に普及が進んだ。日本国内におけるスマートフォンＯＳのシェアはｉＯＳ（ｉＰｈｏｎｅ）が圧倒的に高いが、世界全体ではＡｎｄｒｏｉｄが上回っており、そのシェア率は71・9％に上る（2017年上半期）

報の偏りや偏見を避けようと努めています。

大切なのは、「人は食わず嫌いをしてしまいやすいのだ」と自覚しておくことです。「食わず嫌いにはなるな」と自分に言い聞かせておくだけでも、ずいぶんと危険を避けることができます。

乗り遅れたときこそ危険

食わず嫌いをしてしまいやすいのは、その流行に乗り遅れてしまったときです。「いまさらやっても遅いだろう」「自分には関係ない」「時間のムダだ」。そう考えて、やらない自分を正当化してしまいがちなのです。

流行の背景には、ポジティブな情報もネガティブな情報も隠れています。しかし、自分が拒絶している間はネガティブな情報ばかりを集めるようになってしまいます。そうすると、頭の中でネガティブな情報がどんどん重層化されて、ますますやらないことを正当化してしまいます。

そうした食わず嫌いが特に危険です。乗り遅れたと感じるということは、それだけ大きな流行になっているということですから。

例えば、自動車産業の方と話をしていると、テスラのクルマを食わず嫌いしている方が多い。聞けば、試乗してみたとは言うけれど、本当に運転を体験してみたのかどうか。私はもともとクルマにはそれほど興味はなかったのですが、テスラに試乗したときには本当に感動しました。同じ体験をしていれば、「静かだった」というような感想だけにはならないように思います。

考えてみれば、これは非常に危険なことです。個人がインスタグラムをしている、していないという話とは比べ物にならない。日本を代表する産業の企業幹部が、「あれはわれわれが作っている自動車とは違うものだから」と食わず嫌いをする。途轍（とてつ）もなく大きな可能性を無視していると言ってもいい。

この事例だけでも、食わず嫌いがいかに危険なことかが分かるのではないでしょうか。

日常の不平不満を大切にする

「おかしい」と感じる所にチャンスあり

次に、普段感じる不平不満を大切にするということです。

ひと口に「不平不満」と言ってしまうと、あまり良い印象がないかもしれません。口を開けば不平不満ばかりな人が身近にいて、いつも嫌な気分になってしまうという人も多いでしょう。

しかし、本来的に不平不満は、イノベーションと表裏一体の関係にあります。なぜなら、不平不満があるということは、そこに問題点や課題を見出しているということだからです。問題点が明らかにならなければ、改善もありません。

ただし、その不平不満を他人のせいにしていては意味がありません。「上司が無能だから」、「自分の力が及ぶことではない」、そう考えて自分は何もしないのでは、イノベーションにはつながりません。イノベーションを起こすことができる人は、そこで、「この問題を解決することによって世の中はもっと良くなる」と発想します。自分が不平不満を感じるということは、社会の常識やルールが間違っているということなのだと考えるのです。

自分事で恐縮ですが、「おサイフケータイ」を開発したのも、小さな不平不満からのスタートでした。私はタクシーに乗ると、ケータイを忘れてしまうことがよくありました。その度に他人のケータイから、自分のケータイに掛けます。着信音に気付いた運転手さんが電話に出てくれて、届けてくれます。そして戻ってきてもらった分のお金を払う。そうしたことを繰り返していました。

そこで、「なんでこんな忘れやすいものを作るんだ」「ドライバーさんが気を付けてくれよ」と言っていたら、単なる不平不満で終わりです。私はそこでチャンスだと考えることができました。なぜ忘れてしまうのかと考えると、乗車中にケータイを操作していて、会計時に財布を取り出したとき、ケータイを脇に置いてしまうことが原因だと分かりました。だったら、ケータイと財布を一緒にすればいい。ケータイで支払いができれば、忘れることもないのですから。

そのアイデアが、おサイフケータイに結び付きました。普及させるためには、いろいろな場所で使えるようにしなければいけません。そのため、まずはタクシーとコンビニで利用できるようにしたのです。

「世の中は変えられないものだ」と思っていると、世の中は変わりません。「世の中は変えられる。こんな問題があるのだったら、こう変えてみよう」。そう考えれば、イノベーションの種となるのです。

世の中の問題はすべて〝自分事〟

世の中の課題が解決しないのは、多くの人がそれを認識しているのにもかかわらず、他人事として捉えてしまっていることに問題があります。どんな課題であっても、自分事として受け止めていれば、解決せずにはいられないはずです。

これからの社会では、ソーシャル参加型の社会改善が当然になると思います。「何だか不便な仕組みだな」「もっとこうすれば使いやすくなるのに」と感じたら、そのような意見を溜め込むのではなく、どんどん発信すればいいのです。それが何かを変えるきっかけになることもあります。

交通事故が多い交差点がある。カーブミラーが立っていない。ポールがない。そうした問題意識を持っている人は多いはずです。1人ひとりがSNSで発信すれば、大きな力となってカーブミラーが立つかもしれません。

そうした視点から、私は「駐禁アプリ」を提唱しています。街中で駐車違反の車を見付けたら、みんなが撮影してアプリでネットワークにアップする。警察が行かなくても、20分間に10件以上アップされたら、その時点で駐車違反といったようなルールをつくります。迷惑な所に駐車していれば、すぐに駐車違反です。人が取り締まるよりも効果的なのではないでしょうか。

それに、このシステムであれば、本当に迷惑な場所に停まっている車の写真だけがアップされます。交通量が少なくて広い道路に駐車されていても、撮影する人は少ないでしょう。つまり、リアルな迷惑度と検挙率が一致するわけです。違反であることが分かりづらい場所に監視員が隠れていて、わけも分からずキップを切られた、といった不満も減るのではないでしょうか。

「1人で何度もアップしてイタズラする人が出てくるのではないか」といった批判がありそうですが、アカウント制にしてGPSと連動し、同じ場所からは1回しかアップできないようにするなどということは、現在の技術では簡単です。

すでにビジネスの世界では、さまざまな企業がネット上の声を自社商品やサービスの改善に役立てています。これからは、個人の不平不満から、あらゆる改善がなされる時代なのです。

大前提として多様性を受け入れる

自分とは異なる意見があって当然

世の中にはいろいろな人がいて、その意見は千差万別です。当然のことではありますが、私たちはこの大前提を忘れてしまいがちです。

誰もが情報発信のできるインターネット上の世界では、あらゆる意見が錯綜しています。その中には、自分と同じ意見や似た意見もあれば、反対意見や認めたくない意見もあるはずです。しかし人間は、つい自分の考えに近い情報ばかりを集めてしまいがちです。そうして自分は間違っていない、マジョリティであると安心したいわけです。

こうした傾向を自覚していないと、捉えるべき本質を見失ってしまいます。世の中で大きく意見が対立していることと言えば、原発問題です。自分は原発反対だからと、ネット上に数多ある原発問題関連の記事のうち、反対派の意見しか読んでいない、ということはないでしょうか。誰もが再び原発事故が起きてほしいとは考えてはいません。それでも賛成するのなら、それだけの理由があるはずです。大切なのは、一概に「賛成」、「反対」と多数決を採ることではありません。1つひとつの意見を吟味し、解決策を模索することです。

そして、自分とは異なる意見の中でも、特に耳を塞いでしまいがちなのが、自分自身への批判です。批判を受けるのは辛いことではありますが、無視していては何にもならない。

私もいろいろなシーンで批判されます。例えばMacの機能について語れば、「夏野はアップル信者だからな」と言われてしまう。そうした意見を無視するのではなく、「本当に自分は偏っていないだろうか？」と考えることが大切です。

インターネット上では、無意味な人格攻撃をする人もいます。そうしたことまで考慮する必要はありませんが、似たような批判がたくさん集まってきているのであれば、本当に自分が偏っていることもあるかもしれません。もちろん相手の意見が偏っている場合もある。それは、批判に対してしっかりと向き合わなければ分からないことなのです。

自分自身を洗脳していくプロセス

多様性を忘れてしまうと、社会と自分とのズレを認識できなくなってしまいます。これはとても危険です。

悪質な宗教が信者を洗脳する場合、同じ宗教に属している人たちで密なコミュニティを形成します。そうして自分たちの宗教が正しいものである、世の中が間違っている、という価値観を植え付けていきます。その結果、世間の感覚とのズレを認識しないまま、自分たちの宗教の教えが通常であると考えるようになってしまいます。

これと似たようなことが、誰の身にも起きる危険があります。しかもそれは、他人に強制されて洗脳されていくのではなく、自らが自らを洗脳していくプロセスです。

まともなメディアであれば、一方的な意見だけでなく、反対意見や対立する考え方も取り上げて議論しているはずです。インターネット検索であっても、両方の意見があるはずなのに、自分が気に入った記事だけを読んでいるということが往々にしてあります。そして自分の考え方により固執していく。これがネトウヨ[※58]が生まれる理由、嫌韓が生まれる理由、ヘイトスピーチが生まれる理由です。

このような傾向が、個人の好き嫌いといったレベルで収まっているうちはいいのですが、実際に政治的論争にまで広がっています。多様性という社会の本質を見誤ると、正しい判断ができません。そうした危険が大きくなっているからこそ、常に全体的な視野をもつ意識が欠かせないのです。

自分の欲しい情報だけを集めることのできるバーチャルの世界では、特にこうした危険性が高いわけですが、逆に多様性を認識するためにも、ＳＮＳ

※58
「ネット」と「右翼」を合わせた造語。ネット上の掲示板やブログなどで、右翼的な言動を展開する人々のことを指す

などを活用できます。自分の発信に対する反応がどんなものかを見ることで、自分が偏っていないかをチェックすることができます。また、身近な人の声であればよりダイレクトに反応があります。自分の発言に対し、家族や恋人、友人知人が反対するのであれば、自分は偏っているかもしれないと考えられます。

あるいはそうした反応から省みて、自分の主張していたことは自分で考え抜いた意見ではなく、単に誰からも反対されないようにしているだけだった、というような自分の甘さを発見できるかもしれません

普段からそうした思考を意識していれば、自然と世界は多様であるということが理解できるようになります。それに、批判に対して腹を立てたり、落ち込んだりすることも少なくなります。自分も相手も多様性の中の1つであると考えれば、自分の意見も相手の意見も冷静に見極めることができるのです。

>>> グローバル人材に必要な能力は

多様性を受け入れることが必要であるという視点から考えると、日本においても、若年層には特に希望があるように感じます。私は大学で講義をしているので、常に彼らと接していますが、彼らの世代では、同年代で起業している人もいれば、芸術を突き詰めている人もいる。いろいろな人がそれぞれの生き方をしていて、それが当然だという意識が浸透しているように思います。

海外に行って他文化に触れる機会も多い。最近の大学生にもなれば、多くの人が海外旅行を経験しています。ひと昔前であれば、「卒業旅行で初めてヨーロッパに行くのが夢」とさえいわれていたのに、今では小学生でも海外に行く時代です。

現在の若年層が社会に出ていくときには、嫌でも社会のグローバル化が必要です。なぜかと言えば話は簡単で、これから先、日本の人口は確実に減少していくからです。総務省の発表によると、２０１７年1月1日時点の日本人の総人口は、1億２５５８万３６５８人。８年連続で減少しています。前年からの減少数は30万８０８４人で、その減少幅は１９６８年の調査開始以来最大です。また、２０１６年には初めて出生数が１００万人を割りました。総務省の推計によると、日本の人口は２０５３年に1億人を割って９９２４万人となり、２０６５年には８８０８万人になるとされています。

人口が減れば、当然国内市場が縮小します。同時に、働き手も不足することになります。現在でも人手不足は深刻な状況です。そうした状態で、従来と同じような生活水準を維持するのは困難です。生活レベルを下げるか、あるいは居住エリアを限定するなどの施策が必要です。ただ、地方をないがしろにすることもできません。

ではどうすればいいのか。インバウンド[※59]を大量に招くと同時に、外国人を受け入れて共存することによって、日本経済を維持しなければいけません。外国人と一緒に仕事をするとき、本当に必要なのは言語力ではなく、文化や価値観の違いを受け入れることのできる大らかさです。挨拶１つ、議論の進

※59 ここでは外国人の訪日旅行者を指す

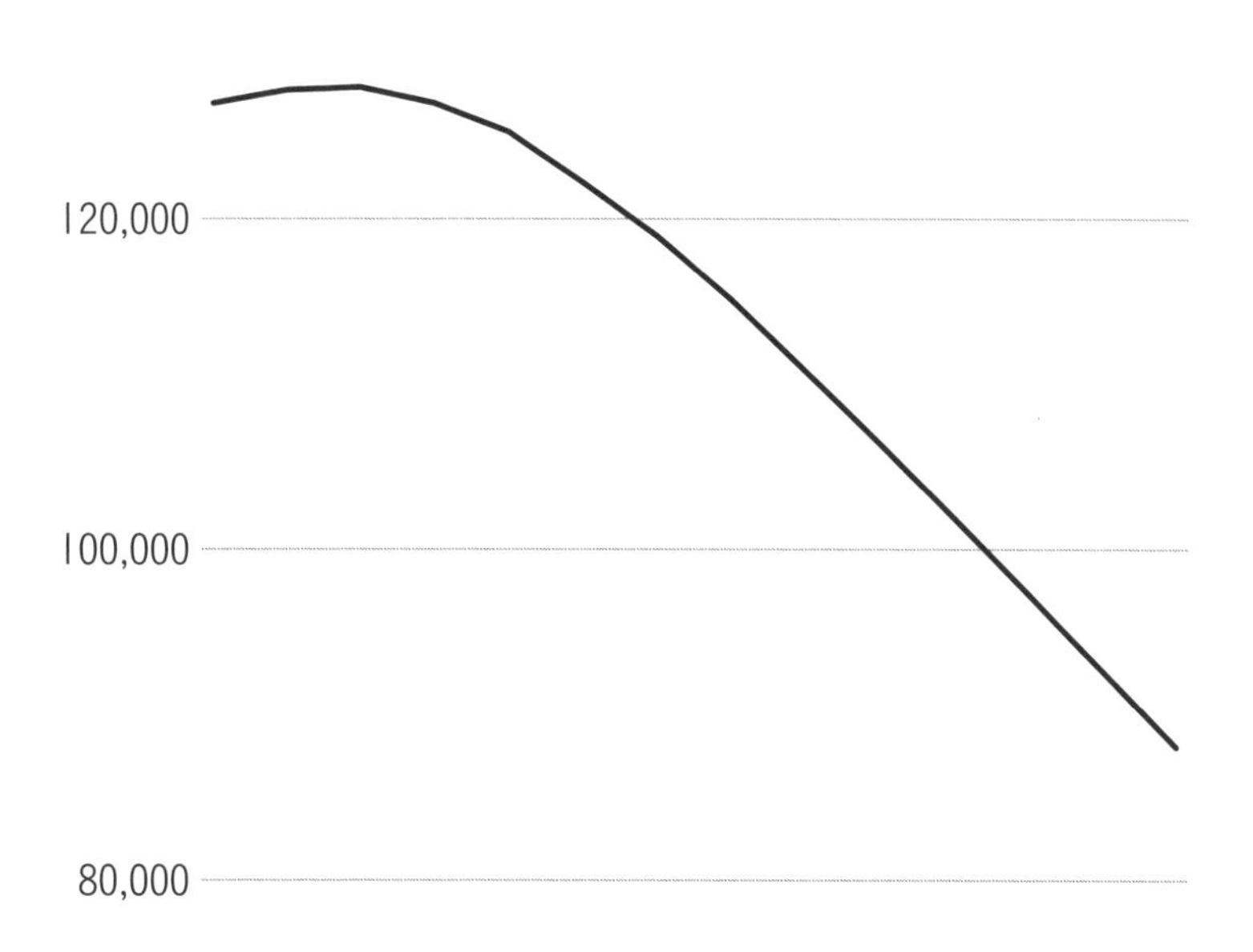

※国立社会保障・人口問題研究所『日本の将来推計人口（平成29年推計）』より作成
※2015年以前の実績値は『人口推計　国勢調査結果による補間補正人口』、および総務省統計局『国勢調査報告』（2000、2005、2010、2015年）による。各年10月１日現在人口
※2016年以降は推計値（死亡中位／出生中位）

め方1つをとっても、国が違えば大きく異なります。あらゆる場面で摩擦が起きる。そこで「仕方がないよね」と思える人でなければ、海外の人と共存することはできません。グローバルな人材に最も必要な能力は、多様性に対する受容性なのです。

自分の頭の中で摩擦を起こす

逆の立場でロジックを組み立てる

多様性を認識することは、自分と他者との間に摩擦を起こすことであるともいえます。自分が考えていることに対して、反対の意見を言ってくれる人がいる。両方の意見を比較検討して、物事を冷静に見極めようとする作業です。

そうして他人との間で自然に摩擦を起こすことができるようになると、次は自分の中だけでも同じことができるようになります。自分が正しいと思っていることや、間違っていると考えることに対し、逆の立場から考えたらどうなるのかということをシミュレーションする。相手側に立って、理屈やロジックを組み立ててみればいいのです。

例えば、MacやiOSが好きな人であれば、あえてWindowsやAndroidの優れている点についても考えてみる。一方で、MacやiPhoneの短所についてもロジカルに思考する。

この手法はよくディベート[※60]のシーンで行われています。二項対立となっている2つの意見に対し、あえて自分の意見とは逆の意見を支持する立場に立つのです。そうすることで、相手のロジックをより深く理解できます。感情的な対立を避けることができますし、自分の意見もより精査することができます。

意見の変化を恐れるな

他人との間であれ、自分の中だけであれ、摩擦を起こすと、時に自分の意見が変わってしまうことがあります。これをよくないことだと考える人がい

※60 ある特定のテーマの是非について、2グループの話し手が、賛成・反対の立場に別れて、第三者を説得する形で議論を行うゲーム

るかもしれませんが、決して避けるべきことではありません。むしろ、思考の変化を恐れる人ほどやるべきです。盲目的に1つの考えを信じている可能性があるからです。

思い違いや勉強不足などということもあるでしょう。本当は間違っていることが明らかなのにもかかわらず、自分の意見を曲げないことのほうが問題です。議論の末に自分の意見が間違っていたと認識し、正しい方向に転換するのは自然なことなのです。

そうして柔軟に対応できるようになると、実際の議論でも強い発言力を持てるようになります。相手が反対する理由が分析できるようになるので、「こういう理由で反対するのでしょう。それは分かります。こういう原因がありますからね。けれどもっと大きな視点から考えれば、こちらのほうが有益じゃないでしょうか?」というような話し方ができるようになります。自分の考えだけを主張する人に比べれば、はるかに説得力が強くなるのが分かるのではないでしょうか。

インターネットで調べれば、反対側の立場でロジックを組み立てるための情報はいくらでも探すことができます。積極的に自分の中で摩擦を生じさせ、逆の立場からシミュレーションしてみる。そのことで、物事の本質を理解でき、相手とも共有することができるようになるのです。

ロジカルシンキングは必要か

大切なのは〝腹落ち〟する感覚

世の中には「ロジカルシンキング」など、理論的に体系化された思考術の必要性を説く本もたくさんあります。確かに、そうした思考も大切です。乱雑な情報の中からロジカルに物事を整理することで、1つの道筋が組み立てられる。頭の中のモヤモヤをクリアにするという意味では有効です。

しかし、そこで大切なのは、「腹に落ちる」という感覚、ストンと納得できるイメージがあるかどうかです。ロジカルシンキングで物事を整理して、それで腹に落ちるのであれば問題ありません。ただ多くの場合、ロジカルに考えて、頭で理解することはできても、心の奥では納得できないということが起きます。

論理的な解ではこうなるのだけれど、現実問題、うまくいくとは思えない。その場合、与えられている情報が少ないか、その情報自体が間違っているかのどちらかです。ロジカルシンキングなどでは、集めた情報を論理的に組み立てれば正しい答えが出るといったアプローチが多い。しかし、そのプロセスよりも、そもそも現実社会では、正しい情報ばかりを揃えることのほうが難しいのです。

ここまでお話ししてきたように、あらゆる情報はインターネットを介して集めることができます。ただし、その情報が間違っている可能性もあるし、偏ってしまっているかもしれない。それを完全に整理することは不可能です。だからこそ、論理的な考え方だけではなく、腹に落ちるかどうかといった感覚を大事にしなければいけません。

自分が腹落ちしていない、あるいはロジカルシンキングとしての解とは別に、自分が腹落ちする解がある。ならば何かのピースが欠けているはずだ。

それは何かということを、逆に演繹（えんえき）していくことのほうが大事です。

プロセスとしてのロジカルシンキングは非常に有効です。ただしそれは方法論にすぎません。結論が自動的に出るなどということは、絶対に考えてはならないのです。

>>> 論理と感覚の両面から考える

「腹落ちする」と言うと曖昧（あいまい）に聞こえるかもしれませんが、それは「経験値による判断」と言い換えることができます。ある事柄に対して、豊富な知見や経験があれば、論理的な思考を超えた判断要素が生まれます。

多くの経験をしていない分野のことであれば、論理に頼ったほうがうまくいく可能性は高いでしょう。しかし、思考術といったことを意識する場所というのは、自分の仕事であったり、趣味であったり、まったく経験がない世界ではないはずです。

ただしここでも、自分を省みる意識がなければいけません。今までずっと自分のやり方で仕事をしてきたけれど、新しい仕事方法を指示されて、それが腹に落ちない。だから一生懸命に情報収集をして、やっぱり自分のやり方がいいのではないかと少しずつピースを補完していく。しかし、やってもやっても腹に落ちない。そういうときには、「自分の感覚がおかしいのかな」と考えられる柔軟性も必要です。

自分の感覚に固執してしまうということは、「過去の成功体験が正しいはずだ」「経験の積み重ねこそが正解率を高めていくのだ」というロジックを組み立ててしまっているともいえます。つまり、ロジカルシンキングとは、扱い方を間違えれば、黒を白にもできるし、その逆もできてしまうものなのです。とても難しいことではありますが、論理的な側面と感覚的な側面の両方を常に働かせながら、物事を見つめていかなければならないのです。

情報の裏に示されていることを探る

>>> 主観的、感情的、即物的に情報を扱わない

ここまで、世の中の本当の姿を知るために、どのような姿勢で物事を捉えればいいのかというお話をしてきました。これらをひと言で表現すると、「どこまでも冷静に物事を観察する」ということになるかもしれません。そして、それを邪魔するのが、「主観的」「感情的」「即物的」な意識です。

誰でも少なからず、世の中のある方向に偏っている部分があります。例えば、ｉＰｈｏｎｅかＡｎｄｒｏｉｄか、理系か文系か、あるいは政治的な右・左、といったような偏りもあります。あらゆる面で中間にいる人など存

在しません。

　そこで自分の立場からしか考えられないということが「主観的」な意識です。他人の意見を批判的に見る、あるいは受け入れない。主人公の主観しか描かれていない小説で、人を感動させることができるでしょうか。主観から逃れられないということは、イノベーションを生み出せないということと同じです。

「感情的」というのはさらに危険です。感情というものは、そのとき自分が置かれている立場や環境によってさまざまに変わります。そんな曖昧なものによって自分の意見や情報の捉え方を変えるということは、絶対にやってはならない。感情的にＳＮＳで意見を発信する、あるいは嫌いな相手の発言を無視する。それがどれだけ危険なことかは、誰にでも想像できるのではないでしょうか。

　そして「即物的」に情報を扱ってはいけません。表面上に見えるものをそのまま受け取るだけでは、人並以上の発見はありません。気になる情報があれば、そこには自分の興味を惹くだけの仕掛けがあるのではないかと考える。

おかしいと感じる発信があれば、もしかしたら発信者にはそうとしか言えない事情があるのではないかと考える。そのような姿勢でいれば、行間の奥に隠されていることも、もう一歩踏み込んで考えることができます。

>>> 社会の本当の姿を知る

本来的に考えれば、あらゆる情報はフラットでなければなりません。特にメディアが発信する情報は、発信者の気分や主観を排したものであるべきです。しかし、実態はそうなってはいません。

だからこそ、情報の受け手である私たちが、できる限り主観的、感情的、即物的な判断に注意しながら情報を扱わなければなりません。そして、情報を発信する際にも、それらの点に留意することです。

繰り返しになりますが、世の中は本当に複雑です。インターネットの台頭により、その複雑さにより拍車がかかっています。そのような現状にある中で、表面的な情報をただ受け取っているだけでは、社会を深読みすることはできません。分析的な思考も、それに基づく意思決定もできないのです。

社会の本当の姿を知るには、情報を精査し、分析し、そして深く思考した上で自ら決断する必要があります。冷静に世の中を見ることが、まず、何よりも大切です。ここまでお話ししてきた思考術は、そのための方法論としてあるのです。

ビジネスであっても、ライバルがある商品を出してきた、ということを表面上にしか受け取らなければ勝機はないでしょう。どんな狙いがあってこの時期なのか、隠された戦略があるのではないか、もしかしたら今すぐに出さなければ次がないほどに追い込まれているのではないか、誰もがそうして考えるはずです。それをより身近な視点で、常に意識しておくことが、変化を続ける社会を読み解くことにつながるのです。

分析力を育てるための思考術

食わず嫌いをしない

- 流行には必ず理由がある。そこにチャンスが隠されている
- 流行に乗り遅れたときこそ注意。そうした食わず嫌いが特に危険

不平不満を大切にする

- 「おかしい」と感じるところにイノベーションの種がある
- 世の中の問題はすべて“自分事”として捉える

多様性を受け入れる

- 自分と異なる意見を無視すれば社会とのズレを認識できなくなる
- グローバル社会では多様性に対する受容性が必須

自分の頭の中で摩擦を起こす

- 自分とは反対の意見を持つ立場でロジックを組み立てる
- 自分の意見が変化することも歓迎する

腹落ちする感覚を大事にする

- ロジカルシンキングだけに答えを求めてはいけない
- 経験値による感覚と論理的思考の両面から判断する

どこまでも冷静に物事を観察する

- 「主観的」「感情的」「即物的」に情報を扱わない
- 情報の裏側に何が隠されているのかを探る

第4章

イノベーションを生み出すためには

リスクを選択できない経営者は去れ！

停滞期こそリスクを選択すべき

第4章からは、これまでの思考法や分析術を加味した上で、具体的なビジネスの場を想定して、これからの時代を生き抜く、あるいはイノベーションを生み出す方法について考えていきます。

これから成長していく企業の最低条件は、〝リスクを選択することができる〟ということです。ここで言うリスクとは、客観的成功確率が低い選択肢のことを指します。例えば１００社が挑戦すれば10社しか成功しないと予想される。それだけの確率しかないことにあえてチャレンジするのがリスクを選択するということです。

20世紀後半の日本経済は、右肩上がりに成長していきました。いわゆる高度経済成長期です。このような時期には、企業は大きなリスクを選択する必要はありませんでした。経済全体が成長している大きな波に乗ってさえいれば、自然と成長できたからです。

しかし、「失われた20年」という言葉もあるように、現在は経済が停滞しています。このような時期においては、ほかの企業と同じことをやり続けていても、希望はありません。何かに失敗して衰退することはあっても、成長することは絶対にないからです。さらにこれから先は、経済全体が停滞から下降へとシフトしていきます。そうなれば、リスクを選択できない企業は、現状維持すらできなくなります。

本来、リスクとリターンは表裏一体です。リスクを取る分、リターンの可能性があるのです。リスクを怖がってばかりいては、当然リターンは得られません。

企業として、リスクを選択するかどうかの意思決定は、経営者などのリー

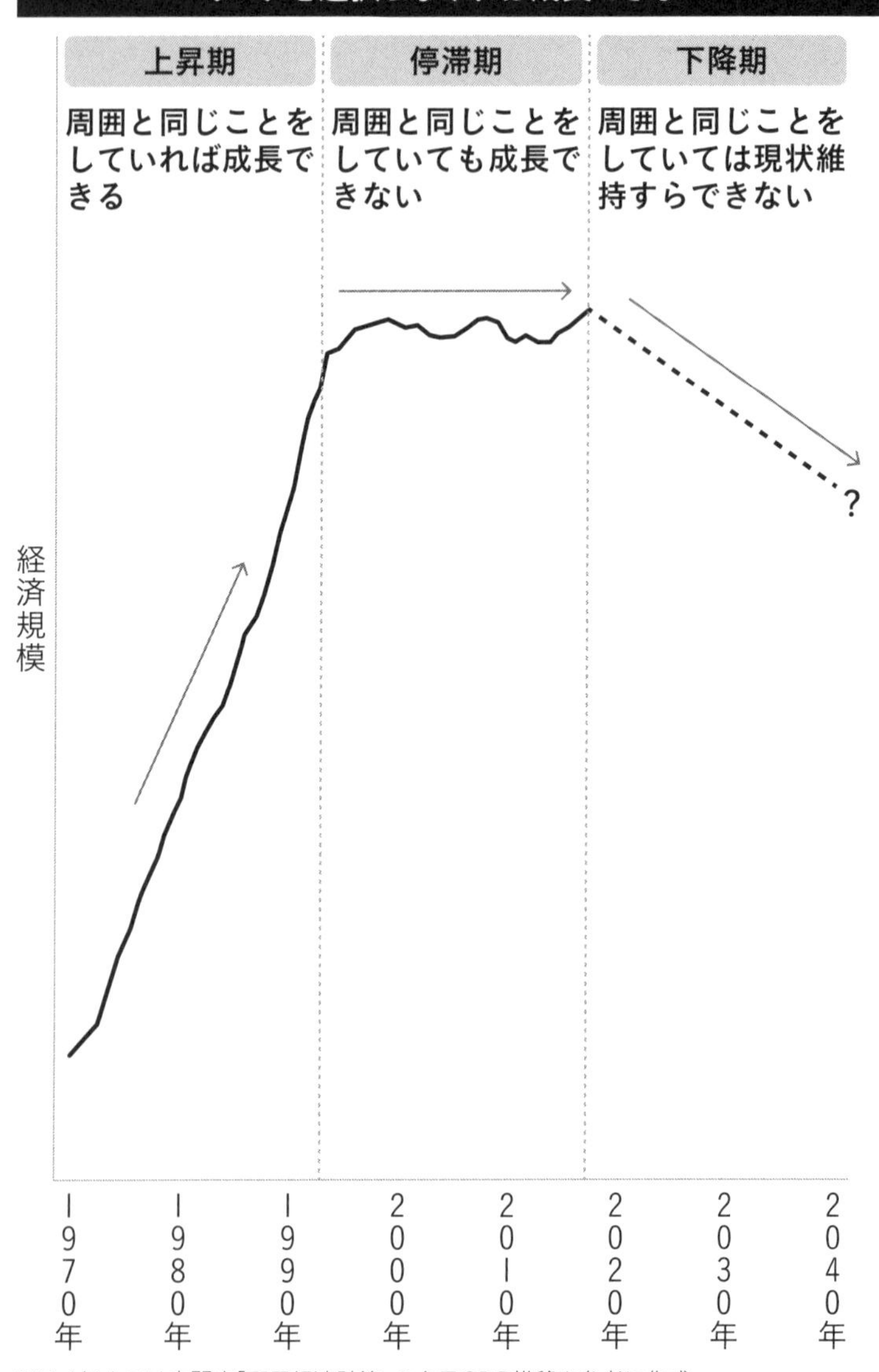

2016年までは内閣府「国民経済計算」の名目GDP推移を参考に作成

ダーにしかできません。しかし、リスクのあるやり方には、必ず誰かが反対します。全員合議でリスクを選択するということはあり得ません。誰もが賛成するということは、成功率が高い選択肢であるということになるわけですから。だからこそ、リーダーは自らリスクを選択できる人物でなければいけません。その判断ができないのであれば、早急に交代するべきです。

日本企業に潜む無意味なリスク

優れたリーダーは、経営戦略や商品開発といったことだけでなく、メンバーのマネジメントに対してもリスクを選択することができます。

多くの日本企業では、誰か1人が頭角(とうかく)を現すことをリスクだと捉える人がいます。ある特定の個人に権力が集中することによって、「その人が失敗したら会社が成り立たないのでは」、あるいは「会社の輪を乱す異分子になるのでは」と考えるのです。

そこで優れたリーダーは、「彼は調子がいいから、もっと仕事を任せればどんどん結果を出すぞ」「彼を伸ばす環境をつくれば、ほかにも彼のような人材が出てくるかもしれない」と考えます。同じ人間の、同じ事象、同じ成功をみても、評価がまったく異なるのです。

そうしてリスクを選択できないリーダーは、「イノベーションのジレンマ[※61]は個人にも起きる」というようなことを言って、その人がリスクであるという判断を正当化しようとする。そんな客観的な話だけを信じるのか、「いや、"俺だったら"彼がチャレンジし続けるようにマネジメントできる」と思えるのか。どちらが人材の力をより生かすことのできるリーダーであるかは、考えるまでもありません。

「俺だったらやれる」と思えるか

リスクとは、一般化された確率論、つまり客観の世界にあります。そうした視点から、多くのリーダーが「10社に1社しか成功しないのならやめよう」と考えます。

※61 「業界トップになった企業が既存製品の改良ばかりに注目し、顧客が抱いている新たなニーズに気が付かず失敗する」という概念。ハーバードビジネススクールのクレイトン・クリステンセン教授が提唱した

その中でリスクを選択できるリーダーであるかどうかは、〝主観的〟に成功できると思えるかどうかです。経営者としての思想、情熱、思い入れ。そうしたものが混然一体となって、「うちの会社だったらできる。俺が経営しているのだから」と思うことができる。こうしたリーダーにとって、「私＝会社」なのです。

ここでお話ししている考え方は、従来正しいとされてきた科学的経営などとは、一見矛盾しているように思えます。しかし、主観を持たない経営者は、これから先その仕事を失ってしまうかもしれません。

近年、ＡＩ技術の発展により、人間の仕事が将来ＡＩに代替されるのではないか、といった議論が起きています。では、経営者は代替可能であるかどうか。

科学的経営は、客観性を突き詰めるというプロセスです。過去の類似のサンプルを積み重ねて分析し、客観的に確率を求めるという思考。これはＡＩの得意分野です。この分野に限って考えれば、ＡＩの能力は人間の頭脳をはるかに超えています。日本の企業では、客観性を必要以上に重視する経営者がほとんどです。自分で判断が付かないから、客観性を求めるのでしょう。そうした経営者は、ＡＩに取って代わられてしまいます。

対して、客観的には成功率が低い選択を主観として信じ、実践し、成功する。これはＡＩには真似できないことです。ソフトバンクの孫正義氏のように、３兆円以上ものお金を払ってアーム社を買収する[※62]。テスラ社のイーロン・マスク氏のように、まだ電気自動車の技術が完成していない状況から自動車産業に参入して、10年間で成果を出す。こうした試みは、ＡＩには絶対にできません。人間としての経営者の価値はここにあるのです。

※62 ２０１６年7月、ソフトバンクグループがイギリスの半導体設計大手アーム・ホールディングスを買収。売上高１８００億円の企業を３・３兆円の巨額買収したことが世界を驚かせた。アームがこれからのＩｏＴにおいて重要な役割を果たし、ソフトバンクのネットワーク事業を組み合せることで、新たなイノベーションを引き起こす考えであることなどが買収の理由だと見られる

ビジョンが明確に見えているか

論理的な仮説と主観的なビジョン

〝主観〟と言えば、頼りないことのように聞こえるでしょうか。それに第3章の最後で、情報を主観的に扱ってはならないとお話ししました。

確かに、単なる思い込みではいけません。ここでお話ししているのは、成功確率に関しての客観性と主観性です。「これとこれとを組み合わせると、これくらいの相乗効果が出るはずだ」というような論理的な仮説がしっかりと立っていて、「だから絶対に成功するのだ」というストーリーが本人には見えている。ただし、そうした戦略を客観的に説明すると、他人には「そうかもしれないけど、そんなにうまくは行かないよ」と絵空事のように捉えられてしまうのです。

自分の中でこのビジョンが明確かどうかです。ただし、それが短期的なものではいけません。ある商品を開発することをゴールにすることと、その先の展開を考えていて、通過点として商品開発があるということには、大きな違いがあります。

二手先、三手先、四手先が見えている状態で一手目を打てる。二手目を打つときには、五手目が見えている。これがリスクを選択できるリーダーです。もちろん、どこかの一手が狂えば見直します。想定していない技術が開発されたり、新しいライバルが表れたりすれば、常に修正していきます。

私が1997年に「iモード」の開発を始めたとき、すでに「おサイフケータイ」を実現したいと考えていました。そしてその先のビジョンもありました。当時の世の中では、「ケータイでインターネットをする必要はない」という認識が一般的でした。「機能ではパソコンに勝てないだろう」と。しかし私は、ケータイにインターネットの機能が付いていてもいいではないか、そこがゴールではないのだと考えていました。ケータイで決済ができるという機能を付加することで、パソコンとはまったく異なる価値を提供できると信じていたのです。

そしてその先には、金融事業や保険業界を巻き込んで、ケータイというワンストップでお金に関するサービスを集約できるようにしたいというビジョンがありました。クレジットカード機能を持たせて、生命保険の保険料もケータイの使用料と一緒に支払いできる。死亡届を出せば、生命保険は下りるし、クレジットカードもケータイも止まる。そうした展開です。

リスクを選択できないリーダーは、その場しのぎの一手しか打てません。自分の任期中はどうにか持ちこたえさせようと、「とりあえずこの1年」としか考えられないのです。

>>> ゴールに近付いたら終わり

自分のビジョンに自信がない経営者は、ベンチマーク[※63]をつくりたがります。

※63 他社の優れた経営方法や戦略などを探し出し、自社との違いの分析に基づいて経営や営業手法などを改善する手法

設定すべきストーリーが見えないから、分かりやすい目標を求めてしまう。私は、ベンチマーク経営は成り立たないと考えています。ベンチマークを追いかけている間に、ベンチマーク自体も成長していきます。ですから、未来永劫追い付けません。

ベンチマークをゴールにするのではなく、通過点と考えるのであればいい。同じ業種の会社なのに、向こうのほうが1人当たりの利益率が高い。最低でも相手の利益率は上回れ、というような基準は大事です。

ところがベンチマークを目標にしてしまうと、それ以上を望まなくなってしまいます。悪い意味でのチャレンジ目標のようになり、その目標値さえ達成すればいいということになってしまう。

大切なのは、どこかにゴールを置くことではありません。もしゴールだと思っている所に近付いてしまったら、その人のビジョンはそこで終わりです。逆に言えば、その先が見えているのであれば、自分を信じて進めばいい。そしてそれこそ、経営者がなすべき意思決定なのです。

＞＞＞ 一点の失敗や成功に囚われるな

優秀な経営者が描くストーリーは1本ではありません。何本もの道を同時に進んでいて、その全体として、大きなビジョンがあるのです。その中には、もちろんうまくいかないこともたくさんあります。

例えばＩＴ革命によって劇的に成長したアマゾンにも、英会話学習のサービスなど、過去、失敗したサービスがあります。しかし、創業者のジェフ・ベゾス氏には、何本ものストーリーが見えている。その1つが駄目だと判断したことで撤退するわけですが、「ＡＷＳ」[※64]や「Ａｍａｚｏｎ Ｍｕｓｉｃ」、「Ａｍａｚｏｎ Ｐｒｉｍｅ」など、ほかのストーリーの成功が、プラットフォームをより充実させていきます。一見関係ないと思えるものでも、彼のビジョンの中ではすべてがつながっている。1点の失敗、成功で考えるべきことではないのです。

自分に見えているいくつものストーリーの中で、どれかがうまくいかな

※64 「Amazon Web Services（アマゾン ウェブ サービス）」の略。アマゾンが提供するクラウドサービス。世界市場において3分の1のシェアを有している。これは2位～4位の合計を上回る数字である（2016年時点）

かったときでも、全体に影響がなければ問題ありません。やってみて、思った通りの結果が出なければそのストーリーはやめる。あとは、自分の主観と何がズレていたのかを分析して、それが腹に落ちればいい。うまく腹に落ちなければ、自分の感覚がズレてきているということです。であれば、それ以上自分のビジョンを追わないほうが賢明です。

あるいは、自分以外の人間に判断してもらうことを考えてもいい。以前、ケータイ機種を開発する際、カラーバリエーションを考えていました。色の選択というのは非常に重要な要素で、徹底したユーザーテストを行います。そうしたとき、自分がいいと思っていたものと、ユーザーの反応が異なることがあります。そのズレを分析して、腹落ちすればいいのですが、ユーザーにはある案が圧倒的に支持されているのに、自分としては別の案が絶対にいいと感じる、といったことが起きる場合があります。それならば、ユーザーの声を腹落ちして受け入れることのできる、ほかのメンバーに決めてもらえばいいと考えました。

ストーリーを進んでいく間に、流行が変わったり、新しいライバルが現れたりという、当初予期していなかったことは山ほど起きます。多様で変化の早い世の中で生きている以上、そこで頑(かたく)なに自分の考えを通すのではなく、自分自身も柔軟に対応しなければいけません。「世の中多様だな」と考え、全体のビジョンが問題なく進んでいるなら、細かな所はこだわらなくてもいい、今は自分の考えが受け入れられなくても、将来受け入れられるかもしれない。じゃあ将来のために取っておいて、今はほかの人に判断してもらおう。そういった柔軟さも必要なのです。

リーダーを目指してはならない

自分自身が優秀なリーダーになるためにはどうすればいいのか。本章の冒頭で、リスクを選択するという判断ができるのはリーダーだけだと話しました。しかし、「イノベーションを起こしたい」とか、「自分ならやれる」と考えている人は、すでに何らかの立場でリーダーになっているのではないでしょうか。係長や課長といった役職でなくとも、プロジェクトリーダーや、自分の判断で仕事を進めているのであれば、その範囲でのリーダーだといえます。

その立場から、新しい価値を世の中に送り出すことができるリーダーになるためには、小さな成功を積み重ねていくしかありません。自分のビジョンを証明するためには、結果で示すしかないのです。

リーダーを「目指す」と言った時点で、自分の姿勢は危険だと考えるべきです。自分が今できる役回りにおいて、成功を積み重ねる。将来のために現在があるのではなく、今、目の前にあることで、しっかりと結果を出していく。その延長線上に、本物のリーダーと呼ばれる人物が育つのです。

そして、リーダーだとはいっても、周囲の人を巻き込もうとする必要はありません。例えば、あなたが営業チームのメンバーだったとします。それぞれのメンバーが自分なりの営業方法で顧客へアプローチしていきます。そこで自分のやり方に周囲を合わせようとしても、誰も聞いてくれません。ほかのメンバーが見ているのは、あなたの成績という結果だけです。そこで成功体験を積み重ねて、チームリーダーになったとき、自分のやり方をチームに広げればいいのです。

　自分なりのビジョンを持って挑戦し、1つひとつ結果を出していく。「会社の方向性は間違っている」「自分だったこうやるのに」などと言っているだけでは仕方がありません。これはどんな職業でも同じです。会社の仕組み、あるいはその分野の中で正しいとされているやり方があるときに、本当にそれが効率的なのか、もっと生産性の高いやり方はないのか、と考えたことがあるかどうかです。本当に自分の仕事はそれだけなのか、企業の歯車の1つでいいのかと考えることができるかどうかです。

　自分の仕事の重要性を理解し、常に気付きや発見を探す姿勢でいれば、二手目、三手目、四手目が見えてくるはずです。まずは自分の手の届く範囲で、自分なりのビジョンを実現すればいいのです。

組織から生まれるイノベーション

≫ アイデアの源泉は社員の多様性

イノベーションには、個人から生まれるものもあれば、組織全体から生まれるものもあります。

例えば、第2章でお話しした「創発」の事例として、複数人で議論をしているとき、誰が言い出したのか分からないままに斬新なアイデアが飛び出すことがあります。人と人との意見がぶつかって摩擦が生じ、新しいアイデアへとつながっていくのです。

麦茶がおいしそうに見えるグラスを開発するとします。「茶色の麦茶を入れたとき、どう見えるようにするべきか」という発言に対し、「え？　麦茶って黄色じゃない？」と誰かが答えた瞬間に、摩擦が生じます。茶色を前提に考えていたけれど、茶色の中にも黄色い茶色から赤い茶色まで幅がある。ではどんな麦茶にも対応するためにはグラスの色味をどうするべきか、透明度はどの程度がいいかといった議論が生まれる。1人で考えるよりも、もっと魅力的なグラスが生まれる可能性は確実に高くなるはずです。

そして忘れてはならないのが、異質な者同士で意見を交わしたほうが、イノベーションにつながりやすいということです。考え方の違いや発想の違い、経験や知識、好みの違いなど、あらゆる相違を混在させる。1人ひとりが新しいことを考えているのと同時に、自分とは違う意見がインプットされることで、斬新なアイデアが生まれやすくなるのです。

ここでも従来の日本的企業には問題があります。「いろいろな人がいると、まとまりがつかなくなって社風が壊れてしまう」ということがよくいわれます。誰かの意見に対して反対意見を表明するだけでも「おかしな奴だ」と非難されてしまう。

そうした組織では、誰かが「茶色だ」と言えば、黄色に見えている人も「茶色に見える」と言ってしまう。大事なのは、社内が表面的にまとまることでしょうか。それとも、お互いにぶつかり合って、イノベーションへつなげることでしょうか。

課題を乗り越えるために知恵を絞ってこそのイノベーションです。反対意見が出たら、それはラッキーだと思わないといけません。社内で出るような反対意見は、いずれにしろ、後々そのプロジェクトが乗り越えていかなければならない課題として現れます。「お前は反対するな」といった環境をつくっている時点で、成功率がどんどん低くなることに気が付かなければいけません。

〝適材適所〟は〝好きか嫌いか〟で決める

当然のことですが、人材のそれぞれが自分の分野での能力が高いほど、組織力は高まります。つまり企業は、スペシャリストがたくさんいる組織を目指すべきです。

スペシャリストになるための条件は、その分野を「好きである」ことです。第1章でもお話ししましたが、組織の一員として仕方なく仕事をやっている人は、絶対にオタクには勝てません。従来の日本企業のように、先に立場を与えて、君はこの仕事の達人になれ、というやり方ではスペシャリストが生まれづらいのです。

〝適材適所〟という言葉がありますが、その個人をどのポジションに就けるかの判断基準は、〝好きか嫌いか〟であるべきです。本人が好きな仕事であれば、それがすなわち適所です。「好きなことと能力は必ずしも比例しない」という考え方もありますが、モチベーションの高さという点に関して、好きかどうかということ以上の要素はありません。好きなことであれば、ほかの人よりもはるかに多くの情熱と時間と能力を割ける。与えられた仕事をこなすだけの人との間に差が生まれるのは当然でしょう。

「兼業禁止規定」の禁止

私は常々、企業に「兼業」を提唱しています。

私たちは、1年365日、時間に換算すると8760時間を使うことができます。サービス残業があるとはいえ、日本人の平均労働時間は年間2000時間ほど。睡眠時間が長い人で1日8時間、1年で3000時間だとしても、残りは3700時間以上。つまり、勤務時間よりも長い自由時間があるのです。

この時間をどう使うのか。かつては家庭ができたら家族との生活に時間を使わなければならないといわれていました。しかし現在では、50歳まで一度も結婚したことがない人が、男性で約23%、女性で約14%。[※65]男女ともに過去最高を更新しています。少なくともこうした人たちに、2000時間しか拘束できない会社が「兼業をしてはいけない」などと言う権利はないのです。

兼業を解禁することによって、会社側にもメリットがあります。例えば

※65 2015年時点。国立社会保障・人口問題研究所発表

ロート製薬では、届出制にすることで兼業禁止規定を廃止しました。その結果、薬剤師の社員はドラッグストアなどでアルバイトするようになりました。すると、他社の製品などに対する知識を得ることもできるし、製品の陳列や現場での顧客対応も勉強できます。そうして社内では得られない知識や情報を得て、本業にも役立てることができる。会社の中で社員研修などをしているよりも、よほど有益ではないでしょうか。

すべての商品やサービスは消費者のためにある

「義憤」が大事

イノベーションの種は、道理から外れていること、あるいは不満があることに対する、「こうすればいいのに」という思いです。いわば社会への「義憤」が新しい価値を生むのです。

大げさなことを言っているようですが、その1つひとつは些細(ささい)なことです。

例えば、飲食店でお茶を出されて、「こんなに暑いのに温かいお茶を出すのか」と感じる。それを、「まあ仕方ない」と考えてしまえばそこまでですが、「自分ならこうするのに」と考えることができれば、義憤になります。

普段から意識していれば、電車に乗っていても、エレベーターを待っていても、日常のあらゆる場面で義憤は山ほど見付かるはずです。

イノベーションと呼ばれるものの多くは、義憤から生まれています。スティーブ・ジョブズ氏の従来のケータイに対する、「なんでこんなに格好悪いデザインなんだろう」「もっと格好よくあるべきだ」という義憤からiPhoneは生まれています。ダイソンの掃除機[※66]は、創業者の「掃除をするのにホコリが舞うのはおかしい」「フィルターの掃除が大変だ」という義憤がスタートです。それらはいわば「小さな世直し」です。

1つひとつの義憤は、本当に小さな気付きです。ここまでも繰り返しお話ししてきたことですが、あらゆる産業が地域やネット、リアルの垣根を超えて影響し合っています。どんなヒントがどこで生かされるか分かりません。常にいろいろな所に義憤を持っていると、どこかで重なり合って道が開けるのです。

それが私にとっては、たまたまケータイというビジネスでした。タクシーにケータイを忘れてしまうということをおかしいと感じる。それに小銭はす

※66
イギリス人のジェームズ・ダイソン氏が開発設計したサイクロン掃除機は、掃除機の概念を変えた

ごく効率が悪い。社会にとってマイナスのものだと感じていました。そうした小さな義憤が重なり合って、おサイフケータイを実現しようと思いました。

世の中のイノベーションと呼ばれる商品やサービスを見ると、「言われてみれば」といったものが多いのではないでしょうか。それらの開発者の頭の中には、常に義憤を探す思考の癖のようなものがあるのだと思います。

供給者の論理を持ち込んではならない

普段から義憤を探し、実際にアイデアを見出したとして、それをイノベーションにまで育てるためにはどうすればいいのか。

言うまでもないことですが、商品を購入するのはユーザーです。それが大前提である以上、すべてのサービスや商品は、対価を支払う人の立場で考えなければいけません。徹底的にユーザーの立場に立って、自分だったらどう思うか、自分だったらどうあってほしいと感じるのかをシミュレーションする。そこに供給者の論理を持ち込んでは、絶対にいけない。

もし自分の作りたいものを作るだけの技術が自社の工場になかったら、アウトソーシングして作るべきです。しかし多くの企業では「じゃあ、うちの工場でできる製品を作ろう」と考えてしまう。あるいは、自社の商品やサービスに対して世間からネガティブな反応があったとき、「これがうちの伝統だから」「わが社のDNA[※67]だから」と正当化する。これが供給者の論理です。

対価を支払う人にとっては、その会社の設備や技術など関係ありません。誰が考えても分かることですが、そんな当然の理屈をなぜ忘れてしまうのかと言えば、供給者の論理を振りかざすことのほうが楽だからです。

そこまで理解してもユーザーサイドに立てない人は、その仕事に向いてないと考えるべきです。余計なことをすべて取っ払って、本気で考えても分からないのであれば、原因は自分の知識不足か体験不足。あるいは人間としての幅不足です。

※67 DNAとは、生物の遺伝情報の継承と発現を担う高分子生体物質のこと。従って、さまざまな人が集まる会社のような組織でこの言葉を使うのは正しくない

マーケティングは必要ない

120%、自分がユーザーの立場に立っているという自信があれば、何も怖いものはありません。余計なマーケティングデータなども考慮する必要はまったくない。自分がユーザーだったらお金を払うのかどうかというだけの話です。

イノベーションや新しい発見を見付けようとする際、マーケティングはまったく役に立ちません。「マーケットイン」といわれるように、「市場は何を求めているのかを探るためのマーケティング」は、一見消費者側に立った姿勢のように見えますが、その結果を大名目にするということも、供給者の論理です。自分の判断に自信がないから、あるいは責任を負いたくないから、第三者のデータに頼るのです。

なぜマーケティングが必要ないかと言えば、まず、多くのマーケティングデータというものはサンプル数が不十分だからです。客観性を求めてマーケティングデータを利用するはずですが、サンプル数がせいぜい数千では、まったくアテになりません。これからビッグデータが扱えるようになれば、より現実に近いデータも集めることができるかもしれませんが、少なくとも現時点においては、完全に客観性を保ったマーケティングデータというものは存在しません。

というよりは、そうした質問を設定できないのです。マーケティングにおける設問とは、答えをどうにでも導けるようなものばかりです。人は自分が見たことないものに対して聞かれても答えられません。例えば、スマートフォンが出る以前、ユーザーに全面液晶のケータイを使いたいかどうか、という調査をしたところ、50パーセント以上が「ノー」と回答しました。人は新しいことに対しては、まずネガティブに反応するのです。この結果を見れば、全面液晶、タッチパネルで操作できるスマートフォンは受け入れられないということになってしまいます。

ただし、自分の組織や上司が客観性ばかりで判断するような環境の場合、マーケティングデータは自分のビジョンを正当化するためのツールとして使えます。「こういう商品があったらどうですか」と調査し、多くの支持を得ることができたのであれば、それを武器に説得できます。データの都合のいい部分だけを使えばいいのです。

プライオリティを明確にする

自分の理想をどこまでも突き詰めて商品やサービスを開発できればいいのですが、実際には、コストなどの問題も生じます。そこで重要なのは、プライオリティを間違えないことです。

例えば「Ｓｕｉｃａ」の最もプライオリティの高い要素は、タッチするだけで瞬間的に決済できるということでしょう。これが数秒でも掛かってしまえば、従来のプラスチックカードを使うのと変わりません。

Ｓｕｉｃａをタッチする改札機などには、「ネガリスト」[※68]と呼ばれる情報が入っています。不正使用されたカード番号を識別するためのもので、セキュリティ上欠かせません。ネットワークを通してこの情報を１日に何回か

※68
「ネガティブ・リスト」の略。使用停止や不正利用のあったカードの番号をリスト化したもの

更新するのですが、これが高いコストとなります。

しかしこの仕組みがなければ、毎回ネットワーク上のデータを参照しなければならないため、即時決済ができなくなってしまいます。こうしたプライオリティの高い部分に関しては、コストがどうこうと言っていてはいけません。それをクリアできることを最低条件とした上で初めて、さらなる機能を付けるかどうかや、ライバル商品とのバランスといったものを議論できるのです。

私が「iモード」を開発した際は、インターネットにつながるまでの時間をプライオリティの最優先事項にしました。一度インターネットにつながってしまえば、あとはスムーズに使えるのですが、最初に接続を確立するまでにはどうしても時間が掛かります。そこで、ユーザーが待てる時間は何秒なのかを徹底的にテストしました。結論としては、ボタンを押してから7秒を過ぎると、一気にユーザーの不満度が上がることが分かりました。それを元に、7秒以内にするためにプロトコル[※69]をどうすべきか、などといったことを決めていきました。

※69 ネットワーク上でデータの送受信をする際に、どのようにデータの受け渡しをするかを決めた規約

逆に言えば、7秒を5秒にするためにはさらに大きなコストが掛かるのですが、そこまではしなくてもいいわけです。その結果、ケータイの機種代が必要以上に高くなってしまうのでは本末転倒です。7秒でできるという最低条件が整った上で、何かほかの要素を入れるかどうかを、コストとの兼ね合いなどから判断していきました。

こうしたプライオリティをはっきりさせておかなければ、消費者に提供すべき価値がどうあるべきかを見失ってしまうのです。

すべての産業はリインベント可能

自分たちの産業は成熟産業だと言う人もいます。もういまさら新しいものは生み出せないのだと。だから困っているのだと。

確かに、イノベーションが生まれづらい時期もあります。テクノロジーの進化の乏しい時期には、新しいものはなかなか生まれません。しかし現代は、ＩＴという、ありとあらゆる分野を変化させるテクノロジーの進化があります。さらにこれからＡＩやＩｏＴといった技術がより加速度を増して進化していく。そうした時代において、成熟産業という概念はあり得ません。あらゆる産業がリインベント[※70]可能です。それも、何回でもリインベントできます。

技術が進化し、市場が大きく変化する中でも、絶対に変わらないものがあります。それが、すべての商品やサービスはユーザーのためにあるという真実です。20世紀までは、供給者が消費を牽引するといった構図が確かにありました。しかしこれから先、供給者の論理は言い訳にすらなりません。商品の価値を決めるのは消費者であるという原則を忘れてはならないのです。

※70 reinvent（再開発、再発明）

2つのソウゾウリョク

イマジネーションとクリエーション

イノベーションを起こすには、2つのソウゾウリョクが欠かせません。

1つは〝イマジネーション〟の〝想像力〟。世の中の矛盾に気付き、自分だったらこうするのにと考えることのできる力です。

もう1つは、〝クリエーション〟の〝創造力〟です。これはイマジネーションを具現化する力です。こういうものがあれば世の中はよくなるはずだ、だけど今の技術では実現できない、じゃあどうやったらできるのだろう。そんな試行錯誤を繰り返して、新しいものをつくり出す力です。

この2つをつなぐためには、その分野における専門的な知識や経験が必要です。かつてはそれらを身に付けることも大変だったわけですが、今の時代、検索すればいくらでも知ることができます。

日本では長い間、イマジネーションが求められない環境が続いています。高いクリエーションがあっても、イマジネーションは企業の中に埋もれてしまう。ということは、イマジネーションを取り戻せば、それがすなわちイノベーションとなるといえるのかもしれません。

この2つは、〝力〟というよりはマインドセットに近いものです。努力して身に付けるものではない。誰もがこの2つを持ち得るのだと思います。

>>>「What if」を考えよう

ただし、組織として考えたときには、イマジネーションに向いている人と、クリエーションに向いている人が別の場合があります。リーダーが強いイマジネーションで「こっちの方向に進もう」と言ったときに、チームメンバーが「だったらこんなアイデアがありますよ」とクリエーションを提案する。そうすると、そのアイデアがさらなるイマジネーションを呼ぶ。加えて、信頼関係の築かれた環境であれば、「あの人が言い出したことなら、絶対に叶えてあげよう」という思いが生まれる。そうして大きなイノベーションへとつながっていくのです。

ソウゾウリョクが自動的に働く分野と働かない分野は、人によって違います。前述した、自分のビジョンが見えるということを言い換えると、この2つのソウゾウリョクが強く働いているということです。対価を支払う人の立場に立てば絶対にこっちがいいはずだと想像できるし、それを実現するためにはこんな技術が必要だということも分かる。向き、不向きがあるにしろ、まったく働かないということは、ソウゾウリョクや知識がないのではありません。その分野に自分事としての関心がないのです。

もっと「What if」[※71]をやろうよということです。「もし俺だったらこうするのに」、「もし私だったらどうするだろう」という夢を持ちましょう。それをどこかで諦めてしまっている人も多い。そんな非現実的なことに時間

※71
「What if～～」英語の慣用表現で、「ありえないかもしれないけれど、もし～のようなことがあったらどうする？」といった意味合いで用いられる

を使っていても仕方ない、というように。しかし、そんなことを言いながらスマホのゲームをしている人も多いのではないでしょうか。ならば、もっと考えようということです。

矛盾だらけの世の中だからこそ溢れるチャンス

居酒屋で愚痴（ぐち）をこぼすサラリーマンにはなるな

人間社会は矛盾に満ちています。私はいろいろな会社の取締役を務めていますが、どんな会社であっても矛盾点を見出せると思っています。環境が変化しているのに、会社組織やビジネスモデル、規制などは変わらない。ＩＴを使えばこんなことが簡単にできるのに、それすらもやっていない。そうしたことが、ほぼすべての企業にあります。

そう聞けば、読者のみなさんの中には「うちの上司は仕方ないな」と思う人もいるかもしれません。しかし、そう言っているだけでは、単なる愚痴で終わってしまいます。考えに考え抜いて、絶対にこうしたほうがいいのだという提案をできるようにならなければなりません。

何が悪いのか、どこを変えればいいのか、ロジカルに説明できるほど考え抜くことができていれば、臆することなく提言できるものだと思います。しっかりと洗練された考えであれば、認めてくれる人も必ず現れます。

そうしたツメが甘いと、ロジカルにも説明できないから、漫然と「うちの会社はくだらないことをやっている」と居酒屋で愚痴をこぼすだけになってしまう。そこを勘違いしてはならないのです。

誰でも起業できる時代

自分の言葉で提言してもやりたいことができないのであれば、転職してもいいいし、起業してもいい。現在ではクラウドファンディング[※72]などで資金調達をできる可能性も広がっています。モノづくりであれば部品も汎用的になっています。技術は必ず手に入ります。その会社にいなければできないことは、

※72 起業やプロジェクトのための資金を調達できない個人・団体がインターネット上で企画内容や必要な金額を提示し、広く支援を呼びかける手法。少額の資金提供者を多く集めることによって、目標額の達成をねらうもの

ほとんどありません。であれば、独立すればいい。

面白いもので、「これができなければ辞めてやる」という覚悟で主張すると、周囲の人が引き始めます。自信のない人たちは、こいつとケンカするのは割に合わない、巻き込まれたら面倒だと考えるのです。そうして思い通りのことができることもある。ですから、自分の信念に絶対に従っていけると思うのならば、過激なくらいに主張すればいいのです。

ほかの人が足踏みしているからこそ、〝自分はやれる〟と思っている人にとっては大チャンスです。わざわざブルーオーシャン[※73]を探さなくても、入り込んでいける場所はたくさんあります。自分が今いる業界にもチャンスはあるし、明らかに難しいようであれば、別の分野に新規参入してもいい。そうしたチャレンジが幅広く受け入れられる時代なのです。

⋙ 今、すぐに、やる

そして、今、すぐに、やるべきです。後回しにしてはならない。今できる

※73 ライバルがいない、または少ない未開拓市場のこと。対義語として激戦市場を指す「レッドオーシャン」がある

ことは今やる。今、判断ができないということの理由は、２つしかありません。１つは判断する能力がない。もう１つは判断するだけの材料が揃っていない。

能力がない場合は仕方ないのかもしれませんが、材料が揃っていないのであればすぐに集めればいい。20年前には「こうしたい」と思っていても手段がなかった場合もありました。しかし、現在は手段がいくらでもあります。インターネットで調べれば、自分がしたいことをできる企業や、助けになってくれる人はいくらでも調べることができます。

私は５分で判断できないことは、もう一生判断できないと思っています。「もうちょっと検討して」、「一晩考えて」、そうして時間を掛けていると、どんどん後れを取ってしまいます。これは組織としても個人としても同じです。しっかりと考え抜くことができていれば、待つ必要はありません。今、すぐに、やるべきなのです。

第5章

生き方に重なる働き方

オポチュニスティック・アプローチのススメ

20世紀型キャリアモデルからの脱却を

第4章までは、いかにしてこれからの時代を生き抜くかを、ビジネスの視点や社会のあり方を通して考えてきました。その結論は、個人に帰結します。個人として時代の変化に即した生き方ができなければ、その関わり合いであるビジネスや社会も良くなりはしません。第5章では、本書の締めくくりとして、そのことをお話ししていきます。

ではまず、なぜ個人としての生き方がこのままではいけないのか。

厚生労働省が発表している「簡易生命表」によると、2016年時点において、日本人の平均寿命は80歳を超えています。男女別に見てみると、男性が80・98歳、女性が87・14歳。この数値は年々高くなっています。さらに2000年に生まれた人の中で、22世紀を迎えることのできる人は12パーセントもいるという試算もあります。「人生80年」といいますが、これからは90年、あるいは100年人生が当たり前になるかもしれない。まずはこのことを認識しなければいけません。

この変化が何を示しているのかというと、20世紀の人生モデルやキャリアモデルが通用しなくなっているということです。20代前半から稼ぎ始め、50代で天井を打つ。そして60歳で定年となり、あとは年金で暮らしていく。大きく稼ぐ人とそうでもない人がいますが、全体の構図は同じ。これが昔から信じられていたモデルです。

しかし今の若い人は、そもそもの収入が低い。そうなると貯えも年金も少なくなります。それに、昔に比べて、個々人にバラつきが多い。中には起業したりして大きく稼ぐ人もいますが、逆にギリギリで暮らしていかなければいけない人もたくさんいます。それなのに、寿命は延びて、老後と呼ばれる期間は長くなっていきます。

社会としても、20世紀につくられた制度は維持できなくなっています。少子高齢化により年金の財源は枯渇（こかつ）に近付き、年金の受給開始年齢[※74]は引き上げられています。これからも段階的に引き上げられ、将来的には75才になるともいわれています。

つまり、75歳までどうやって食べていくのかを考えなければならない時代が、もうすぐそこまで来ている。1つの会社に定年まで勤めあげても、その後の長い老後を会社が保証してくれるわけではありません。それは大企業に勤め、勝ち組と呼ばれているような人であっても同様です。

そもそも、終身雇用という仕組み自体がすでに崩壊しつつあります。どんな会社でも、安泰などはありません。東芝、シャープ、三洋電機など、かつて隆盛を誇った大企業が傾いている現状を鑑（かんが）みれば、それが紛れもない真実だということが分かるでしょう。

将来、会社が潰れてしまって、転職もできず、路頭に迷ってしまうかもしれない。もしそうなったとしても、会社は責任を取ってくれません。だから

※74
2017年8月現在、国民年金（基礎年金）の受給開始年齢は原則65歳。厚生年金の受給開始は生年月日によって段階的に引き上げられており、男性の場合昭和1961年4月2日、女性の場合1966年4月2日以降に生まれた人は、65歳から受給開始となる。ただし、いずれも希望すれば繰り上げ支給（60歳～）、繰り下げ支給（～75歳）でも受けることができ、その年齢に応じて、繰り上げの場合は減額、繰り下げの場合は増額され、その額が生涯続く

企業依存型のキャリアモデルでは危険！

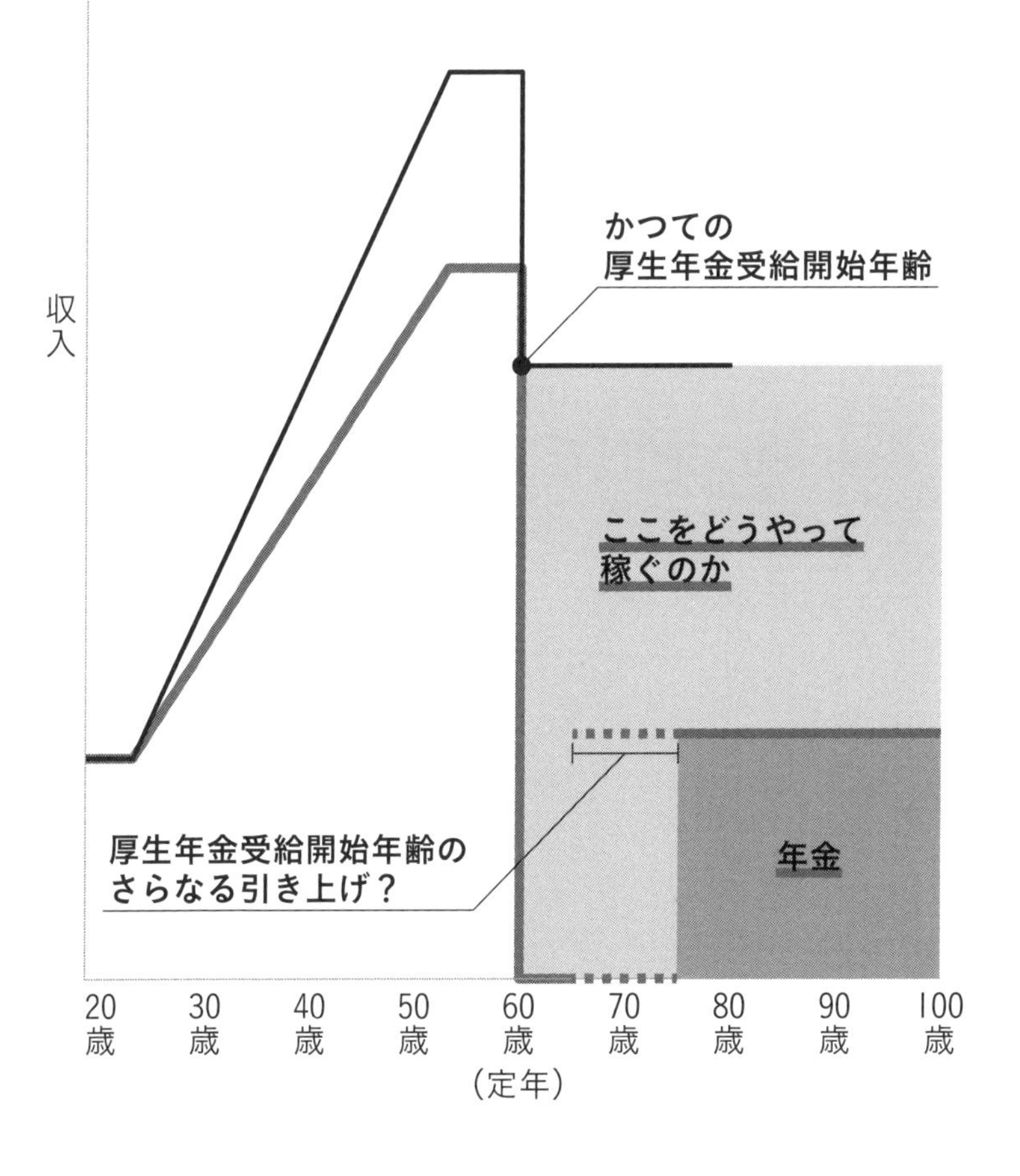

こそ、これからの自分のキャリアを、自分の手で形成していく必要があるのです。

そしてそれは、単にお金の稼ぎ方を考えることではありません。この後、本章を通してお話ししていきますが、〝どう働くか〟は〝どう生きるか〟と表裏一体です。キャリアを考えることは、〝自分の人生を自分で決める〟ということにほかならないのです。

では、そのような現実に対して、私たちはどうすればいいのでしょうか。道は1つしかありません。それは企業依存型のキャリアモデルから脱却するということです。自分の未来は自分しか責任を持つことはできない。この覚悟が大事なのです。

ベストは〝好きなことで生きていく〟こと

まず、キャリア形成としてベストなのは、〝自分の好きなことで生きていく〟です。好きなことであれば、人は多大な時間や労力を掛け、追い求めていきます。そうすればその分野での高い競争力が身に付いて、稼ぐことができるという理屈です。

例えば、料理が好きな人にとって、料理に関わっている時間は苦になりません。レシピ本などで勉強する、食材を選ぶ、実際に料理をする。いずれも夢中になって取り組んでいるはずです。そこに〝努力〟と感じるようなことはありません。結果的に周囲に比べて競争力が高くなります。

しかし一方で、会社から与えられた仕事を仕方なくこなしている人はどうでしょうか。「早く仕事の時間が終わらないかな」「あと何日働いたら休みだな」。そんなことを考えながら仕事をしている人も多いでしょう。それでは高い競争力は生まれません。

もちろん、必ずしも好きなことで食べていけるとは限りません。社会の需要や環境に左右される未知数な部分もあります。料理が得意だからといって、レストランをオープンできるとは限りません。オープンしたとしても、食べていけるだけの収益を得ることができるかどうかは分からない。

そこで、ベストではなく、ベターを考えます。これは決してネガティブな意味ではありません。私が推奨したいのは、「オポテュニスティック・アプローチ」です。言葉の説明をするならば、常に準備をしていて、チャンスがあればいつでも掴めるようにしておくということです。

短期戦略と長期戦略

「オポテュニスティック・アプローチ」とは何をすればいいのかを端的に言えば、キャリアを短期戦略と長期戦略に分けて考えるということです。

短期戦略とは、とりあえず目の前にあるチャンスの中から、最も自分に向いている、あるいは稼げる仕事を選択して、そこで求められる能力を高めていくことです。就活生であれば、目指すべきなのは大企業かもしれないし、銀行かもしれない。すでに働いていれば、今いる会社でなるべく給料が高くなるように仕事を頑張る、出世に有利な資格を取る、あるいはもっと条件のいい会社に転職する。いわゆる〝生活のための手段〟として割り切るのです。

一方で長期戦略は、一生続けたいと思えるような、好きなことを選びます。

これは実益の出ない趣味であっても構いません。本書をここまで読んでもらった読者のみなさんであれば、仕事と趣味が区別できるものではないことが分かってもらえると思います。自分が本当に好きだと思えるものであればいいのです。

人事部に騙されるな

かつての価値観では、「一生働ける職場を大切にしろ」といわれてきました。つまり、会社で勤めていることを長期戦略にしろというわけです。しかし、先ほどもお話ししたように、1つの会社で働き続けるだけでは老後を生きていけません。組織の中で高い競争力を身に付けようとしても、ずっと同じ仕事を続けていくことができる人は稀です。人事によって、部署を次々と異動させられる。ジョブローテーションは何の価値も生まないのです。それに、仮にずっと同じ仕事ができたとしても、1つの会社で働いているだけでは、老後に生かすことができるほどの汎用的な知識や技術を得ることは難しい。

もちろん大企業の幹部にでもなることができれば、十分な貯えをもって老後を迎えることができるでしょう。しかし、長期戦略を考えずに大企業に入ると、自分の好きな仕事はできません。会社から求められる仕事を必死に頑張って、献身の代償としての給料をもらうだけです。

仕事以外に自分の居場所がないまま定年退職を迎えれば、その瞬間からとても寂しい老後の始まりです。今まで生活のすべてであった仕事ができなくなる。お金があっても打ち込めることがない。60歳で定年だったとして、人生はそこから20年も残されています。自分が生きて来た20年を振り返ってみてください。生まれてから20歳まで、10歳から30歳まで、成人式から40歳まで。途轍もなく長い時間だと感じるのではないでしょうか。それと同じだけの時間が老後に待っているわけです。

会社の人事部は自社にとって最も都合よく人材を配置することを第一に考えます。社員のスキルを向上させようとはしますが、その社員が会社にいる間のことだけしか考えません。年齢が高くなれば、人材開発などしてもらえなくなります。社員の人生設計など、本当の意味では考えていない。人事部に騙されてはならないのです。

常に2つの戦略を意識する

極論的な言い方になりましたが、そう捉えるとクリアに考えられるのではないでしょうか。「会社が何とかしてくれるのではないか」という考え方は、今すぐに捨てるべきです。期待しなければ不安にもなりません。

短期戦略上での転職だってたくさんしてもいい。今いる会社で得るものがなくなったと思ったら、すぐほかの会社に移る。特に若い頃はフットワークも軽く動けます。

逆に、35歳、40歳を超えたとき、自分がデシジョンメイク[※75]できない仕事は、早く見切りを付けるべきです。これは立場として役職に就いていないといけないという意味ではありません。自分がこうしたいと思うことを周囲がサポートしてくれる環境でさえあれば、実質上自分がデシジョンメイクしてい

※75 decision make（意思決定）

ることになります。まだまだ得るものはあるはずです。

そうした区別ができずに、今勤めている会社の仕事を、ある時は経済合理性で考え、ある時は将来のためになるかどうかと考える。これは危険です。都合の良い時に都合の良いように考えていると、長期戦略を失ってしまいます。

私が兼業を勧めることには、こうした理由も含まれています。兼業することを後ろめたいと考える人がいるかもしれませんが、自分の人生に責任を持ってくれない会社に忠臣を示し、残りの時間もすべて犠牲にすることはありません。

ただし、短期戦略として転職をするのはいいのですが、兼業は長期戦略上でしか、してはいけません。「短期戦略×2」にしてしまうと、ただ消耗するだけです。長期戦略を探すため、あるいは力を試すために兼業するということであれば、ロスがない。

日々の1つひとつの行動が、短期戦略のためなのか、長期戦略のためなのかを常に区別して考えましょう。そして、勉強すること、技術を磨くこと、あるいは人脈づくりをしていくことなど、「どちらかの戦略のためのことばかりをしていないか」と自分に問い掛けるのです。

もちろん、年齢によっては短期戦略に関することばかりが必要な時期もあります。必ずしも均等なウェイトでやらないといけないわけではなく、また同時にやらなければいけないわけではないのですが、両方の戦略を意識しながら生きていくことが、とても大事です。

2つの戦略をどのように進めていくべきか

高い競争力を持てているかどうか

2つの戦略をどのように進めていけばいいのか。まず、得るべき知識やスキルについてです。短期戦略に関してははっきりしています。自分の仕事で役に立つ知識や、資格の勉強をすればいい。自分がどれだけの力を持っているかを考えるのにも、役職や給料といった、分かりやすいモノサシがあります。

対して長期戦略は人それぞれですが、基準となるのは高い競争力を持つことができているかどうかです。同じ分野にいる大多数の人の中で、頭一つ抜けた存在であるかどうか、その分野で本を出せるほどの知識や技術があるかどうかです。

長期戦略としての「好きなこと」は、ただ好きだというだけでは不十分です。好きなことをやり続けるということは、やはり楽しいだけではありません。辛いことも多々あります。本当にそのことが好きだから、寝食忘れてでも夢中になれる。それが長期戦略になり得る「好きなこと」です。

例えばサーフィンが趣味の場合、楽しんでやっているだけでは競争力は育ちません。長期戦略としてサーフィンを捉えていれば、誰もが憧れるビーチの波を制覇する、誰も成功していない技を覚える、どんな道具を使えばいいかを徹底的に研究する、そうしたことにすごくこだわるはずです。

それこそが、周囲の人たちが求める情報だからです。他人が欲しがるほどの知識や技術を持つことで初めて、高い競争力を得ることができるのです。

自分がどの程度の競争力を持っているかは、ソーシャルの場でいくらでも知ることができます。同じ分野の発信を見れば、自分より競争力が高いかどうかはすぐに分かります。あるいは自分から発信して、たくさんのフォロワーを獲得できるようであれば、競争力が高いと判断できます。

短期戦略と長期戦略の両面から必要なスキルや知識を考えるという点で間違っているのは、「とりあえず役に立ちそうだから語学の勉強をする」「将来的に使えるかもしれないから資格を取る」といった発想です。語学も資格も、手段でしかありません。手段を目標にしていては、いつまで経っても長期戦略は見えてこないのです。

人脈づくりも戦略別に考える

普段関わり合う人間関係も、どちらの戦略としての人脈なのかを考えると、取捨選択がはっきりしてきます。

短期戦略における人脈とは、仕事の場でしか会わない人たちのことです。であれば、スムーズに仕事が進む関係性でさえあればいい。無理に深い付き合いをする必要はありません。最近では、職場の飲み会に参加しない若者が増えているようですが、無駄だと感じるなら、その分の時間を長期戦略に割いたほうが効率的です。

一方で、長期戦略上の人脈だと思う相手には、プライベートもさらけ出して、徹底的に深い付き合いをするべきです。

例えば、自宅に年賀状を出す。職場同士での年賀状のやり取りは誰でもするものですが、お互いにあまり印象に残りません。プライベートでの新年のあいさつも最近ではメールで済ませる人が多い。年賀状を送ってお互いの住所を知らせ合うということは、パーソナルな付き合いをしたいという強いメッセージングになります。ほかにも、用事がなくても1年に1回は一緒に食事をする、「顔を見に来ました」と会いに行く、あるいはSNSでつながっておく、といったことも意識的に大事にすべきです。

人と出会う機会がないと言う人もいますが、好きなことがあれば、出会いの場はいくらでもあるのではないでしょうか。人の紹介でもいいし、趣味の集まりでもいい。あるいはSNSやそのオフ会といった場合もあるでしょう。

ただし、「将来のためにこういう人と出会いたい」と探すことは、絶対にしてはいけません。どんな人と、どんなときに、どんなかたちで助け合うことになるのかは分かりません。理屈を超えて付き合いたいと思うからこそ、長期戦略的な人脈なのです。

逆に、短期戦略として関係を続けている間に、長期戦略としての人脈になることもあります。自分が今の職場を離れてもこの人とは関係性を持っていたいと思えば、それは長期戦略での人脈になっていきます。最初から「助けになりそうな人はいないか」と考えて出会いを求めてしまうのは、短期戦略的な姿勢なのです。

「好きなことをやって生きる」の本当の意味

頑張ってはいけない

将来のために長期戦略を考えていくべきではあるのですが、履き違えてはいけないのは、最初から稼ぐためのものとして長期戦略を捉えてしまってはいけないということです。

長期戦略としてサーフィンを続けて、将来サーフショップを開こうと考える。その瞬間に長期戦略は短期戦略になってしまいます。サーフィンが好きだからサーフショップを開きたいというのは、そもそも文脈がおかしいわけです。ユーザーとして楽しむことと、ビジネスとして楽しむことは全然違います。

本当にサーフィンが好きならば、湘南に別荘を建てて、毎日波に乗りたいと考えるはずです。そうしてだんだんと高い競争力を身に付けることによって、〝結果的に〟サーフショップを開くことができる。あるいはインストラクターにもなれるし、プロにもなれる。もしかしたら世界一のサーファーにもなれるかもしれない。その中で、最初からサーフショップを開くことを目標にするのは、つまらない選択といえるのではないでしょうか。これはサーフショップの経営がプロやインストラクターと比べて価値の低い仕事だと言っているわけではありません。自分自身が持つ無限の可能性を狭めてしまってはいけないということです。

好きなことを突き詰めているうちに、いつの間にか60歳以降も続けられる仕事になるのです。定年後にスタートしてもいいし、もっと早く花咲けば、起業しても転職してもいい。人生の転機は誰にでも必ず訪れます。しかしそれがいつかは分かりません。そのチャンスが来たときに、掴まえることができるように準備をしておかなければならない。

そう考えると、自分が今どれだけの競争力を持っているかが気になると思います。始めてから何年経ったけれど、自分はちゃんと成長しているだろうか、もっと頑張れなければならないのではないかと。確かに、今自分がどの位置にいるのかという意識を持つことは大切です。しかし、「頑張る」「競争力を高める」といった考え方をしてはいけない。それは〝稼ぐ方法〟を探すことと同意です。

〝考えてはいけない〟というよりは、本当に好きであればそうした意識にはならないのだと思います。「頑張る」と言ってしまうということは、恐らく本当に好きなことではないのです。好きだからやる、好きだから追い求める、好きだから自分の力がどれくらいかが気になる。好きであるということは、本来そういうものであるはずです。

＞＞＞誰にでもハマれるものがあるはず

ただし、長期戦略となり得る、どこまでも夢中になれる好きなこと、つまり〝ハマれる〟ことを見付けるために頑張るということは必要です。読者のみなさんの中には、好きなことが見付からないという人もいるでしょうか。しかし、それは探していないだけかもしれません。本当にハマれるものは、ただ何となく生活していても見付かりません。いろいろなことを経験してみる。ハマることが見付かるまで、新しいことにチャレンジする。見付かったら新しいことを探すのはもうやめて、とことんハマる。もし飽きたらまた次を探す。

その意味でも、第3章で話したように、食わず嫌いがあってはいけません。「やってみようかな」と「やってみる」には大きな違いがあります。やってみようかなと思ってやらないことは、とても多い。その度にチャンスを逃しているのです。

あるいはハマれることがあるのに、追求することから逃げているのかもしれません。「仕事さえしていれば、会社が何とかしてくれるよね」「何だかんだ言っても最後は何とかなるよね」。それでは駄目だということは、本当は誰もが分かっているのではないでしょうか。

けれど、いろいろな理由をつけてやらないことを正当化する。「結婚したばかりだから」「子どもの世話をしなければいけないから」「お金がないから」。それでは意識がぐちゃぐちゃになってしまっています。何が大切なのかが自分で分かっていない。長期戦略を考えられていないだけでなく、短期戦略を大事にしていることにもなっていません。

誰もが潜在的にはハマれることを持っているはずです。若い頃は音楽に没頭していたよなとか、あの時に諦めずにサッカーを続けていればよかったなといったことは、絶対にあるはずです。

「働き方改革」は生き方改革

20世紀、個人はどこかの組織に属さないと生きていけないというのが常識でした。その時代に現在の会社の仕組みや社会制度ができた。しかし本書でもお話ししてきたように、今後の日本では、20世紀のシステムが維持できなくなろうとしています。

一方で、技術の進化によって、個人が組織と対等に生きていけるようになりました。そうであれば、個人にもっと自由度を与えたほうが、社会全体が良くなる。そこで「働き方改革」というように、政府がシステムの改革に乗り出しています。その状況を、企業も次第に理解しつつあります。

こうしたムーブメントにより、これから先、社会は確実に改革されていきます。しかし、大きなポテンシャルを持ち、限りない可能性と、たくさんの機会を与えられていることに気付かないまま、20世紀と同じ生き方をしている人がたくさんいます。それでは、この先生き残っていけません。

働き方改革の本質は、単に、「仕事ばかりしていないで、プライベートも大切にしましょう」ということではありません。

そもそもプライベートとは何か。仕事を終えて、家に帰ってテレビを観ることでしょうか。友人とお酒を飲むことでしょうか。それはただの暇潰しです。何もしていない時間をプライベートと呼んでいるだけです。主体的に区別しているわけではありません。家族と過ごすことが大事という人もいますが、子どもが成人して家を出たらどうするのか。夫婦揃って元気なまま80歳まで生きられるかどうかは分かりません。生涯独身の人だってたくさんいます。

そこで、「私は充実したプライベートを過ごしている」と言える人は、何をしているのか。きっと好きなこと、ハマれることをしているのではないでしょうか。

本書では、一貫して「好きなことでこそ価値を生み出せる」とお話ししてきました。価値とは、誰かに欲せられるもの、感謝してもらえるものです。

それはお金になるとは限りません。発展途上国に日本の医師が赴（おもむ）いて住民を救う、あるいはメーカーの技術者が技術指導をする。彼らは日本国内で仕事をした方が儲かるでしょう。しかし彼らが生み出す価値は、お金に換算できるものではないのです。

私は、何らかの価値を生み出すことが、自分自身が生きていることの価値でもあり、生き甲斐であると考えます。価値を生み出せないのであれば、あるいは生み出した価値が認められないのであれば、何もしていないことと同じです。

価値が生み出せないのだとしたら、単純に競争力がないからです。生み出した価値が認められないのであれば、その価値が、まだ人から求められるものではないからです。前者であればより競争力を付けていけばいい。後者であれば、いずれ求められるときに備えて準備しておけばいい。人生80年あれば、必ず誰かにその価値を必要とされるときがきます。だからこその、オポテュニスティック・アプローチなのです。

目の前の仕事を一生懸命頑張りながら、好きなことを探す。好きなことを追い求めることで、価値を生み出すことができる。価値が人に認められることで、好きなことが一生の仕事となる。そして同時に人生の生きがいともなる。そう考えたとき、働き方と生き方に区別があるでしょうか。

働き方改革とは、生き方を問われているということなのです。「ワーク・ライフ・バランス」といいますが、ワークとライフがイコールになったとき、人生の満足度は最大になる。それは今まで王道とされていたやり方とは大きく異なります。私たちは、今、変わらなければならないのです。

おわりに

私たちはこの20年間、ＩＴ革命によって社会環境が大きく変化したということを、認識しないまま、あるいは気付かないフリをして、騙し騙しやって来ました。大きく進化したテクノロジーへの対応にとどまらず、根本的な社会システムのあり方が、今、問われています。社会システムのあり方とは、国の制度のあり方、教育のあり方、企業のあり方、経営のあり方、人事システムのあり方、そして、個人としてのあり方です。

ＩＴ革命により、個人がエンパワーされました。個人がどのように社会と関わっていくかが最も重要なファクターなのに、いまだに多くの人が20世紀の考え方のまま生きています。国や企業は徐々に気付き始め、いまや個人が最も遅れた存在になりつつあるのです。

それではこれから先を生き残れません。人口縮小で市場が縮小していく中、社会は助けてくれない。自分の人生の責任は自分で取るしかないという覚悟がなければ、特に日本で生きていくのは辛い時代がやってきます。それに備える生存戦略が必要なのです。

自分がどこに行くのか、行くべきなのか、どうやって生きていけば最も幸せなのかは、自分にしか分かりません。業績の良い企業に入って勤めあげれば幸せになれるという、かつて王道とされていたレールはすでに取り払われています。他人に用意された道を歩いても、誰かの真似をして生きていても、幸せにはなれない社会になってしまいました。

しかし、それは反面、大きなチャンスでもあります。ＩＴ革命を通して、個人の可能性は無限に広がっています。情報も、技術も、資金でさえも、広く集めることができる。あとは、自分がやるかどうかです。好きなことを見付け、追い求めていくことで必ず新たな価値を生み出せるのです。

それは努力するということではありません。自分が好きな分野にハマることで、最も強い競争力を得ることができる。だから好きなことを探してください。ハマれるものを探す旅に出てください。そして、見付けることができたならば、遠慮なく、どっぷりと、とことんまでハマってください。目の前に広がるのは、他人には用意できない世界です。あなただけが生み出せる価値で溢れている世界です。それが本書を通して私の伝えたかったメッセージです。

２０１７年10月　夏野　剛

夏野 剛（なつの・たけし）

1988年早稲田大学政経学部卒業、東京ガス入社。95年ペンシルバニア大学経営大学院卒業。96年ハイパーネット取締役副社長。97年NTTドコモ入社。榎啓一、松永真理らと「iモード」を立ち上げる。iモード以後も「おサイフケータイ」をはじめとするドコモの新規事業を企画・実践。2001年に米国の経済紙『ビジネスウィーク』にて、「世界のeビジネスリーダー25人」に選出される。執行役員を経て08年にNTTドコモを退社。現在は慶應義塾大学特別招聘教授のほか、株式会社ドワンゴ、セガサミーホールディングス株式会社、トランスコスモス株式会社、グリー株式会社、株式会社U-NEXTほか多数の企業で取締役を兼任。政府委員や東京オリンピック・パラリンピック競技大会組織委員会参与なども務める。著書に『iモード・ストラテジー』『ア・ラ・iモード』（共に日経BP）、『1兆円を稼いだ男の仕事術』（講談社）、『夏野流脱ガラパゴスの思考法』（ソフトバンククリエイティブ）、『なぜ大企業が突然つぶれるのか』（PHP研究所）、『「当たり前」の戦略思考』（扶桑社）など多数。

自分イノベーション

2017年11月9日　初版発行

著　者　夏野 剛
発行者　野村直克
発行所　総合法令出版株式会社
〒103-0001 東京都中央区日本橋小伝馬町15-18
ユニゾ小伝馬町ビル9階
電話　03-5623-5121
印刷・製本　中央精版印刷株式会社

ISBN 978-4-86280-580-5
総合法令出版ホームページ　http://www.horei.com/